큰 산 깨기

KB192722

큰 산아 네가 무엇이냐, 무너져 평지가 되리라

큰 산 깨기

최병락

규장

크신 하나님 앞에서
우리가 넘지 못할 산은 없다

어릴 적 살던 동네 앞뒤로 큰 산이 있었습니다.

집 뒤에 병풍처럼 펼쳐져 있던 연화산은 봄이면 진달래를 따러 가고, 여름이면 소를 먹이고, 가을이면 온갖 산과일들을 딸 수 있는 보물창고였습니다. 철마다 변하는 연화산을 오를 때마다 마치 미지의 세계로 초대받은 탐험가가 된 듯한 기분이었습니다.

반면, 집 앞 멀리 솟은 치술령은 전혀 다른 산이었습니다. 신라 시대 박제상이 일본 사신으로 갔을 때 그의 아내가 매일 동해가 보이는 그 산꼭대기에 올라 남편이 돌아오기만을 기다리다가 바위가 되었다는 '망부석'이 있는 곳이었습니다.

치술령이 품은 그 슬픈 설화는 꼬리에 꼬리를 물고 온갖 슬프고도 무서운 이야기들을 만들어냈습니다. 산에 오르던 어느 집 남편이 호랑이에게 물려서 죽었다는 이야기, 밤이면 호랑이가 내려와 집집마다 아이들을 잡아간다는 이야기, 일본 사람들이 치술령 정수리에 말뚝을 박아두어 그 주변 마을은 저주를 받았다는 이야기까지 소름 돋는 이야기들로 가득했습니다. 동네를 내려다보며 지켜보던 산은 그렇게 무서운 존재였습니다.

어른이 된 후 가끔 그 산 앞을 지날 때면 그때 기억이 나 웃음이 저절로 나옵니다. 그렇게 높아만 보이던 산도 이제는 그리 높지 않게 보입니다. 산은 그때나 지금이나 그대로이지만, 저는 어느새 자라 어른이 되었기 때문입니다.

살다 보면 치술령보다 높은 산들을 만나게 됩니다. 우리 앞에 떡하니 버티고 서서 한 치 앞도 못 나가거나 포기하고 돌아서게 만듭니다. 때로는 산 앞에 엎드려 울게도 만들고, 산을 넘다가 길을 잃고 영영 헤매게도 합니다.

저는 이 책에서 우리 인생 앞을 가로막고 있는 가장 높은 10개의 산을 소개할 것입니다. 그리고, 그 산을 어떻게 넘을 수 있는지를 성경을 통해 소개하고자 합니다.

결론부터 말씀드리면, 우리가 넘지 못할 산은 없습니다. 그 어떤 산이 우리 앞을 가로막아도, 하나님보다 크고 높은 산은 없기 때문입니다.

큰 산아, 네가 나의 성도 앞에서 평지가 되리라

70년 전 포로로 잡혀 온 이스라엘 백성 중 5만 명을 이끌고 1,500 킬로미터를 걸어서 예루살렘으로 돌아가야 하는 스룹바벨 앞을 가로 막고 있던 산들은 수를 헤아리기 힘들었습니다. 수백 또는 수천 개의 산들, 가로막고 흐르는 강들, 숨어 있는 도적들을 지나 예루살렘으로 가는 것은 불가능한 일이었습니다.

그러나 그때 하나님께서 스룹바벨 앞에 등장하셔서 가로막고 있는 산들을 향해 외치셨습니다.

"큰 산아, 네가 무엇이냐. 네가 스룹바벨 앞에서 평지가 되리라!"

하나님의 호령 앞에 버티고 서있을 산이 어디 있을까요?

하나님은 그렇게 스룹바벨 앞을 걸어가시면서 산을 깎아 바다를 메우고, 숨은 도적들이 겨눈 화살을 꺾으시며 무사히 예루살렘까지 백성을 인도해주셨습니다.

우리의 인생 앞에 어떤 산들이 버티고 있다고 할지라도 하나님은 우리 앞서 행하시면서 그 산들을 향해 외치실 것입니다.

"큰 산아, 네가 무엇이냐! 네가 나의 성도 가는 앞에서 평지가 되리라!"

지금부터 한 장 한 장 읽어가는 중에 여러분 앞을 가로막고 있는 인생의 산들이 하나님의 말씀 앞에 깨어지고 부서져, 산을 평지처럼 걸어가시길 축복합니다.

이 책이 나오기까지 수고해주신 규장 여진구 대표님과 모든 식구들에게 감사를 드립니다. 또한 이 책의 첫 번째 독자가 되어주신 교회 식구들에게도 깊은 감사를 드립니다.

부족해서 불편함이 이만저만이 아님에도 계속 써주시는 하나님의 바다 같은 은혜에 감사하며, 언제나 탁월함으로 남편을 돕는 영원한 에제르, 아내 이수복에게 고마움을 표합니다.

최 병 락 목사

차례

Part 1

큰 산을 무너뜨리라

스가랴서 4장 6,7절

6 그가 내게 대답하여 이르되 여호와께서 스룹바벨에게 하신 말씀이 이러하니라 만군의 여호와께서 말씀하시되 이는 힘으로 되지 아니하며 능력으로 되지 아니하고 오직 나의 영으로 되느니라 7 큰 산아 네가 무엇이냐 네가 스룹바벨 앞에서 평지가 되리라 그가 머릿돌을 내놓을 때에 무리가 외치기를 은총, 은총이 그에게 있을지어다 하리라 하셨고

큰 산아 네가 무엇이냐

스룹바벨의 큰 산

이 책에서 말하는 '산'은 무엇일까? 북한산, 한라산처럼 눈에 보이는 높은 산이 아니라, 그 산보다 오히려 더 높이 솟아서 우리 앞을 가로막는 문제와 시련, 우리를 염려와 근심에 빠뜨리고 하나님 앞으로 더 가까이 가는 것을 방해하는 시험들을 말한다.

그 산이 스룹바벨 앞에서 평지가 되리라고 했는데, 이것이 무슨 이야기일까? 주인공 스룹바벨과 큰 산이 도대체 무슨 이야기인지 스가랴서 4장의 배경을 통해 알아보자.

남유다가 바벨론에 멸망하고 백성들이 그 땅에 포로로 잡혀간 후 70년이 지나자 예레미야 선지자의 예언대로 바벨론이 멸망하고 바사(페르시아) 제국이 점령한다. 당대의 대제국 바벨론을 이기고 등장해 더 큰 제국을 이룬 바사의 왕은 고레스였다.

학급의 반장만 돼도 인수인계하고 나면 할 일이 상당히 많고 한 나라의 대통령이 되는 것 역시 말할 것도 없는데 한 나라를 무너뜨리고 새로운 나라를 세웠으니 나라의 기초를 다지는 것을 비롯해 속국들과의 관계와 그 교류와 무역이며 행정이며, 고레스가 해야 할 일이 얼마나 많았겠는가. 그런데 그가 뜻밖의 칙령을 내린다.

일반 상식으로는 내각 구성이라든지, 앞으로 어떤 식으로 제국을 이끌어갈 것인지 행정적인 것에 관해 발표해야 할 것 같은데 그는 사람의 상식으로는 이해할 수 없는 이야기부터 시작한다.

70년 전에 포로로 잡혀 온, 그래서 이제는 역사 속에서 사라져버린 한 나라요 지상에서 가장 작은 민족 이스라엘에 관심을 가지고 그들을 다시 고토(故土, 고향 땅)로 돌려보내라는 것이다. 그것도 그냥 돌려보내는 것이 아니라 그들의 성전을 재건하고 정착하여 살 수 있도록 은금까지 준비해서 돌려보내라고 한다.

고레스가 하나님을 믿는 사람도 아니고, 이스라엘이라는 나라가 존재했는지조차도 모를 정도의 큰 제국을 다스리는 왕이 어떻게 칙령을 발표하면서 역사에서 사라진 그 나라를 이야기하겠는가. 그러니 이것은 고레스가 아니라 고레스를 통해 하나님께서 역사하시고 약속을 성취하셨음이 분명하다.

그 칙령이 내려진 데에는 하나님의 역사를 위해서 고레스 시대까지 고위 관직에 있던 다니엘의 역할도 분명히 있었을 것이다. 하나님은 다니엘 한 사람을 통해서 역사의 그 불씨를 끄지 않으신 것이다. 이 같이 포로 귀환은 고레스의 작품이 아니라 하나님의 섭리로 이루어진 작품이다.

이렇게 고레스는 이스라엘 백성에게 자유를 선포하고 고국으로 돌아가고 싶은 사람은 돌아가라고 한다. 그리고 그들이 1차로 귀환을 할 때 그들의 지도자로 스룹바벨이 세워진다.

두려운 마음에 주시는 약속

고토로 돌아가 무너진 성전을 재건하는 중대한 사명을 진 스룹바벨은 대제사장 여호수아와 함께 4만 9,897명을 이끌고 직선거리 900킬로미터, 실제 거리로는 약 1,500킬로미터를 걸어 고국으로 돌아와야 했다.

이 일은 결코 쉬운 일이 아니다. 그래서 유대인 가운데는 일찌감치 포기하고, 포로 귀환에 동참하는 대신 이미 익숙해진 바벨론에 정착하여 사는 사람도 많았다.

그러나 그 길이 아무리 멀고 험해도, 아무리 많은 대가를 치른다고 해도, 반드시 고국으로 돌아가 하나님의 성전을 세우겠다고 각오하고 그 길을 나선 사람의 숫자가 약 5만 명이었다.

게다가 이들 가운데 특별한 명령을 받지 않는 이상 젊은 사람은 매우 드물었을 것이다. 포로로 잡혀 온 게 70년 전이니 눈만 감아도 고향이 어른거릴 만큼 사무치게 그리운 사람은 아무리 젊어도 이미 70세가 넘었기 때문이다.

그러니 이 5만 명 중 절대다수는 상당히 나이가 많은 노년층이고,

젊은 사람들은 부모님을 모시고 나섰을 뿐 오히려 바벨론 언어가 편하고 이곳이 익숙한 데다 자녀도 낳았기 때문에 그 생활을 다 포기하고 험한 길을 가는 것이 자기의 사명감이나 바람은 아니었을 것이다. 스룹바벨도 그런 사람 중의 하나였는데 그의 마음이 어땠을까?

한 목사님은 동네 어르신 잔치를 하면서 관광버스로 하루 나들이 모시고 갔다 와서는 너무 힘들어 며칠을 누워있었다고 한다. 네 식구가 일주일 여행만 다녀도 고작 네 명의 마음 맞추기가 힘들고 그동안 별일이 다 있는 법인데, 걷기도 힘든 노년층이 다수인 5만 명의 무리를 이끌고 1,500킬로미터나 가야 하는 스룹바벨의 책임이 얼마나 무거웠겠는가.

또한 그 길에 얼마나 장애물이 많겠는가. 도대체 산은 몇 개를 넘고 강은 몇 개를 건너야 할 것인가. 되돌려 받은 진귀한 성전기물들을 빼앗기 위해 얼마나 많은 도적 떼가 공격해 올 것이며, 그 도적 떼를 물리치기 위해 얼마나 싸워야 할 것인가.

그런 것을 다 알고 있는 스룹바벨의 마음은 심히 두렵고, 나는 못 간다는 생각도 들었을 것이다. 그런데, 그때 하나님께서 천사를 보내어 스룹바벨에게 말씀하신다.

큰 산아 네가 무엇이냐 네가 스룹바벨 앞에서 평지가 되리라 … **슥 4:7**

이 말은 이러한 의미였다.

"스룹바벨아, 네 앞의 산을 두려워하지 마라. 산이 몇 개이고 강이 몇 개인지 숫자를 세지도 마라. 싸워야 할 전쟁은 몇 번일지 세며 걱정하지 마라. 네 앞에 어떤 산이 있어도 큰 산을 명하여 내가 평지가 되게 하리라."

말씀하실 때 이미 이루어져있다

스룹바벨은 가라고 하니 그냥 간 것이 아니다. 하나님께서 그를 얼마나 설득하셨는지를 알아야 한다. 이 정도의 응답을 받아야 '아하, 그 산을 내가 넘는 게 아니군요. 그 강을 내가 건너는 게 아니군요. 그 전쟁을 제가 하는 게 아니었군요' 하고 나설 용기가 생기지 않았겠는가. 그가 엄청난 사명 앞에서 도망가지 않고 5만 명을 이끌고 그 많은 산을 넘어 고국으로 돌아올 수 있었던 것, 그리고 수많은 방해에도 꿋꿋하게 성전 재건을 마칠 수 있었던 비결은 바로 이 한 구절을 받고 믿었기 때문이다.

'어떤 산이 내 앞을 가로막고 있어도 그 산들은 나를 가로막지 못하고 모두 평지가 될 것이다.'

그는 몰랐지만, 성경을 가진 우리는 그의 귀환과 성전 재건의 역사를 안다. 그것은 역으로 말하면, 하나님께서 약속하신 대로 그 많은 산을 다 깎아 평지로 만드셨다는 것이다. 하나님께서 그 약속을 성취하셨기 때문에 스룹바벨과 귀환 백성들은 산을 평지처럼 걸어서 고국으로 갈 수 있었다.

히브리어 문법에 '예언자적 완료형'이라는 특별한 형태의 어법이 있다. 미래에 분명히 일어날 일을 예언적으로 이야기하면서 현재완료형으로 표현하는 것인데 이 어법이 "큰 산아 … 네가 스룹바벨 앞에서 평지가 되리라"라는 말에 사용되었다. 즉 그 산은 미래의 언젠가 무너질 것이 아니라 하나님께서 말씀하시는 그 순간에 이미 평지가 되었다는 것이다.

하나님의 약속이 우리에게는 미래의 일로 느껴지지만, 하나님께는 말씀하시는 그 순간 이미 '이루어진' 사실이다. 하나님은 우리와 다른 시간을 살고 계신다. 그분은 이루어놓고 우리에게 말씀하시는 분이다. 하나님께서 말씀하셨다면 "앞으로 큰 산을 깎아줄게"가 아니다. 이미 깎아놓고 말씀하시는 것이다.

하나님께서 말씀하시면 반드시 이루시는 이유가 바로 이것이며, 이것이 하나님의 약속이 가진 신실함이요 능력이다. 하나님의 말씀과 약속은 힘 있고 능이 있어, 믿고 나가면 선포된 대로 이루어진다.

산은 우리의 믿음 앞에 흔들리고 떤다. 산은 태풍 앞에 흔들리지 않는다. 우리 믿음 앞에 흔들린다. 산은 천둥번개를 무서워하지 않는다. 우리의 믿음을 무서워한다. 산은 산 앞에서 빌고 있는 인간을 무서워하지 않는다. 산은 산을 만드신 하나님을 두려워하고 그분께 순종한다.

산을 평지로 만드는 주체

하나님의 약속을 읽다가 자칫 잘못 이해할 수 있는 부분이 있다. "큰 산아 네가 무엇이냐 네가 스룹바벨 앞에서 평지가 되리라"라고 되어 있다 보니, 스룹바벨이 산을 평지로 만드는 주인공이라고 잘못 생각하는 것이다. 아니다. 스룹바벨에게는 그런 능력이 없다.

그 말은 스룹바벨이 예루살렘으로 돌아가는 길에 있는 산들을 하나님께서 평지로 만들어주신다는 뜻이다. 산을 평지로 만드는 주인공은 스룹바벨이 아니고 하나님이시라는 사실을 분명히 알아야 한다. 그것이 바로 앞 구절에 나온다.

> … 여호와께서 스룹바벨에게 하신 말씀이 이러하니라 만군의 여호와께서 말씀하시되 이는 힘으로 되지 아니하며 능력으로 되지 아니하고 오직 나의 영으로 되느니라 슥 4:6

스룹바벨이 산 깎는 은사를 받아 불도저를 몰고서 산을 깎으며 가는 게 아니다. 하나님께서 스룹바벨에게 깎을 능력을 줄 테니 그에게 직접 산을 깎으면서 가라고 하신 게 아니다. 이렇게 말씀하신 것이다. "네 힘과 능력으로는 안 된다. 그건 너도 알고 나도 안다. 그 산은 오로지 내 능력으로 깎는 것이다. 그러니 너는 가기만 해라. 산은 내가 깎아줄 테니 너는 저 산이 평지가 될 것을 믿고, 그 믿음으로 순종하며 가라."

그렇다면, 의외로 일은 쉬워진다. 스룹바벨 같은 능력을 받는 것은 매우 어려운 일이라도, 하나님을 내 앞에 모시고 따라가는 것은 우리도 할 수 있는 일이기 때문이다. 다윗은 이것을 알았기 때문에 이렇게 고백했다.

내가 여호와를 항상 내 앞에 모심이여 … **시 16:8**

다윗은 어디로 가든지 이겼다(삼하 8:6,14). 그가 가는 곳마다 이길 수 있었던 비결이 무엇일까? 바로 여호와 하나님을 항상 그의 앞에 모신 것이었다. 그는 전쟁할 때 한 번도 "하나님, 저를 따라오세요"라고 한 적이 없었다. 하나님께서 블레셋과 싸우라고 하시는데 "아말렉부터요"라고 하거나 "하나님, 이쪽으로 오세요" 하면서 하나님을 몰고 다닌 적이 없었다. 언제든지 하나님께서 가시는 곳으로 그가 가서 전쟁했다.

항상 하나님을 앞에 모시고 그분이 전쟁하러 가시는 곳으로 따라갔더니, 칼을 들기도 전에 하나님의 칼이 이기게 하셨다. 하나님께서 앞서서 전쟁하시는데 어느 군대가 그분을 이기겠는가? 하나님께서 앞서가시는 곳만 따라갔기에 언제나 승리할 수 있었던 다윗의 비법을 당신도 배우길 바란다.

믿음은 하나님을 붙좇아 따르는 것

자꾸만 내가 앞서가며 하나님을 내 뒤에 세우고 "나를 따라오세요. 나를 밀어주세요. 나를 도와주세요" 하면 어떻게 될까? 하나님께서 대신 싸워주고 도와주고 싶으셔도 내가 앞에서 버티며 비키지 않는데 무슨 수로 전쟁에서 이기며 어떻게 산을 넘겠는가?

믿음은 하나님께서 어디로 가시는지를 아는 것이다. 룻이 시어머니 나오미에게 했던 고백을 기억하는가. 나오미가 룻에게 "너도 너의 동서를 따라 돌아가라"(룻 1:15)라고 말했지만, 룻은 나오미를 붙좇으며 이렇게 고백한다.

> … 어머니께서 가시는 곳에 나도 가고 어머니께서 머무시는 곳에서 나도 머물겠나이다 어머니의 백성이 나의 백성이 되고 어머니의 하나님이 나의 하나님이 되시리니 어머니께서 죽으시는 곳에서 나도 죽어 거기 묻힐 것이라 만일 내가 죽는 일 외에 어머니를 떠나면 여호와께서 내게 벌을 내리시고 더 내리시기를 원하나이다 하는지라 **룻 1:16,17**

참으로 위대한 고백이다. 어머니 가시는 곳에 나도 가고 어머니 머무시는 곳에 나도 머물며 어머니의 곁을 떠나지 않겠다는 룻의 맹세처럼 우리도 "하나님께서 가시는 곳에 나도 가고, 하나님께서 머무시는 곳에서 나도 머물겠습니다. 내가 죽는 일 외에 하나님을 떠난다면 나의 하나님께서 벌을 내리시고 더 내리시길 원합니다"라고 고백할 수 있기를 바란다.

당신의 신앙은 어떠한가? 내가 원하는 대로 하나님을 부리려 하지는 않는가? 하나님께서 "A로 가자"라고 하실 때 "저는 B가 좋으니, 저를 따라오세요"라고 한다면 어떠한 역사도 일어나지 않는다.

하나님을 '몰고' 다니려 하지 말라. 하나님을 '데리고' 다니려 하지 말라. 하나님을 내 앞에 모신다는 것은 하나님께서 가시는 곳으로 내가 따라가는 것이다. 그분이 어디로 가고 계시는지 잘 보고 내가 그 뒤를 따라가야 한다. 하나님께서 "예루살렘으로 가거라" 하시면, 내가 바벨론에 계속 머물러 살고 싶을지라도 말씀에 순종하여 예루살렘으로 가는 것이 신앙이다.

하나님의 말씀에 불순종하고 여전히 바벨론에 머물러 있으면서, 하나님께서 내 인생길을 인도해주시리라 기대하고 있는 것은 아닌가? 하나님의 말씀에 순종할 때 하나님께서 앞서 행하신다는 사실을 잊지 말라.

종의 앞에서 일하시는 하나님

출애굽한 이스라엘 백성 200만 명이 광야를 지날 때, 하나님의 법궤가 항상 그들을 앞서갔고 하나님의 영이 구름기둥과 불기둥으로 법궤 위에 임하셨다. 이때 하나님께서 백성들 앞서 행하시며 무슨 일을 하셨는지를 민수기 10장은 이렇게 증언한다.

> 그들이 여호와의 산에서 떠나 삼 일 길을 갈 때에 여호와의 언약궤가 그 삼 일 길에 앞서가며 <u>그들의 쉴 곳을 찾았고</u> … 궤가 떠날 때에는 모세가 말하되 여호와여 일어나사 주의 <u>대적들을 흩으시고</u> 주를 미워하는 자가 <u>주 앞에서 도망하게</u> 하소서 하였고 **민 10:33,35**

하나님께서 앞서가시며 그들이 거할 곳을 찾으시고, 대적들을 흩으시고, 원수들을 떠나게 하셨다. 하나님은 우리를 앞서가면서 우리에게 그냥 따라오라고만 하시는 분이 아니다. 대적들을 흩으시고 원수들을 떠나게 하시고 전쟁에서 이기게 하신다. 산을 깎고 강을 메꾸시면서 우리를 앞서가신다.

그것을 믿는다면 하나님을 따라가기만 하면 된다. 우리는 반드시 하나님을 우리 앞에 모시고 살아야 하고, 하나님을 앞에 모시고 살아갈 때는 큰 산과 나 사이에 하나님이 계신다는 사실을 꼭 기억해야 한다. 어떠한 험산 준령이 가로막고 있더라도 절대로 믿음의 눈이 흐려져서는 안 된다. 내 앞의 큰 산을 두려워하지 말고, 두렵다가도 이 사실들을 기억해야 한다.

그런데 하나님께서 앞서 행하시는 것을 당연하게 생각하면 안 된다. 하나님은 만왕의 왕이시다. 세상에 어느 임금이 종보다 앞서 행하시는가? 왕이 종보다 앞서 행하시는 것이 당연한 일인가?

왕이 어떤 마을을 지나간다고 하면 며칠 전부터 사람들이 가서 길의 돌을 골라내고 마차가 지나가기 힘든 오르막을 다 깎아서 평지로 만들 것이다. 건너기 힘든 강이 있다면 벽돌을 구워 튼튼한 다리를 놓고, 군인들은 왕의 안전을 위해 곳곳에 매복하여 보초를 서고 혹시 모를 공격에 대비하며 전력을 기울일 것이다. 그렇게 하는 것이 마땅하기 때문이다.

그런데 하나님은 이 모든 것을 거꾸로 하고 계신다. 종이 앞서가서 사람들을 모으고, 왕의 행차를 알리고, 적군들을 물리쳐서 왕의 대로를 평탄케 하고, 그 평지로 왕이 지나가는 장면은 있어도, 왕이 왕의 자리에 종을 세워두고 앞서가며 종이 할 일을 대신하고, 첩경을 평탄케 하고, 높은 산을 깎아 평지로 만드는 것은 우리 하나님 외에는 본적이 없다.

우리가 무엇이기에 하나님께서 우리를 왕 같은 제사장으로 대우해주시고, 가장 높으신 분이 우리 앞으로 먼저 가시면서 산을 평지로 만들어주신단 말인가. 이를 설명할 수 있는 유일한 단어는 '사랑'밖에 없다. 왜 우리 하나님을 '사랑'이라고 하는지 이 장면만 보아도 쉽게 이해할 수 있다.

"내가 네 앞에 가는 것이 하나도 자존심 상하지 않고, 부끄럽지 않다. 네가 오직 내가 주는 성령으로 충만한 사람이 된다면 나는 언제나 너의 앞에서 행하여주겠다."

내가 뭐라고, 하나님은 보잘것없는 나를 왕 같은 제사장으로 대우하시며 그분의 자리에 앉히고 자신의 세마포를 친히 입혀주셨다. 내 인생길을 가로막는 산을 만물의 주인이신 그분이 직접 평지로 깎으셨으며, 종이 놓아야 할 다리를 왕이신 그분이 대신 놓으셨다. 인간인 우리가 하나님을 위해 싸워야 함에도 신이신 그분이 날 위해 전쟁하겠다고 하신다.

왕이신 그분이 종 되시고, 종인 나는 왕처럼 대우해주시는 이 놀라운 은혜를 생각한다면, 내 앞에 걸어가시며 큰 산을 깎아주시는 하나님의 사랑이 얼마나 큰지 깨달을 수 있을 것이다. 그러므로 하나님께서 앞서 행한다는 사실을 당연시해서는 안 된다. 그분의 한없는 축복과 사랑을 겸손하고 감사한 마음으로 받아야 한다.

산을 무너뜨리기 위한 우리의 준비

그런데 하나님께서 우리가 가는 모든 길에 무조건 앞서 행하시는 것은 아니다. 여기 각자의 신앙에 차이가 있다. 어떤 이의 앞에는 하나님께서 앞서가시지만 어떤 이에게는 그러지 않으신다. 왜일까?

하나님께서 길을 평탄케 하시고 즐겨 앞서 행하시기 위해서는 갖추어야 할 조건이 있다. 스가랴서 4장 1-6절에는 하나님께서 스룹바벨을 위해 일하시려고 그에게 필요한 것을 준비시키시는 내용이 나온다. 이 준비는 우리에게도 내 앞에 있는 산을 무너뜨리기 위해 꼭 알아야 할 중요한 내용이다.

하나님께서 앞서가시기 위해서 뒤따르는 사람에게 요구하신 조건은 바로 그 사람의 심령이 성령 충만한 상태가 되어야 한다는 것이다.

성경에 따르면 성령을 소멸하는 자와 성령을 거역하는 자, 성령을 근심시키는 자가 있는데, 그런 사람들은 하나님께서 앞서 길을 인도하지 않으신다.

당신이 한 친구와 백화점에 갔다고 하자. 당신은 조용히 매너 있게 쇼핑하는데 친구는 진열된 옷들을 마구잡이로 꺼내며 직원에게 반말하고 큰소리친다면 당신의 기분이 어떻겠는가? 제멋대로인 친구와 함께 있다는 것 자체로 좌불안석이지 않겠는가? 그런 친구와는 두 번 다시 함께 쇼핑하고 싶지 않을 것이다.

하나님도 그분과 코드가 맞고 말이 잘 통하는 사람과 함께 일하고 싶지 않으시겠는가? 하나님은 그분이 "오너라" 하시는데 "힘들어서 못 갑니다"라며 거절하고 성령을 거스르는 사람과는 동행하지 않으시고, 그런 사람과 동행하실 이유도 없다.

하나님은 그분이 "가자" 하실 때 그대로 따르고 "멈추어라" 하실 때 멈추는 사람과 동행하신다. 하나님께서 하시는 말씀을 잘 알아들으려면 성령 충만해야 한다. 우리에게 성령 충만하라고 말씀하시는 이유가 여기에 있다.

하나님은 스룹바벨에게 전하라고 하시면서 스가랴 선지자에게 두 감람나무 환상을 보여주셨는데, 맨 밑에 순금 등잔대가 받치고 있고, 그 위에 기름 그릇이, 그 기름 그릇 위에 일곱 등잔이 있었다. 일곱 등잔은 밑에 있는 기름 그릇에서 연결된 관으로 기름이 공급되어 불이 켜졌다.

그 기름 그릇의 좌우로 기름을 공급하는 두 감람나무가 서 있었다. 감람나무의 기름이 기름 그릇에 공급되고, 그 기름이 일곱 관을 통해서 일곱 등잔에 공급되어 불을 밝히는 것이다.

이 두 감람나무는 성전 재건을 위해 이스라엘 백성을 이끌고 가야하는 두 리더, 대제사장 여호수아와 지도자 스룹바벨을 가리킨다. 즉 스룹바벨은 기름 충만한 감람나무이며, 하나님께서 그에게 요구하신 한 가지는 산을 깎는 기술이 아니라 기름이 충만한 상태, 즉 '성령 충만'이었다.

감람나무 같은 그의 삶에 기름이 멈추지 않는 성령 충만을 요구하신 이유는 백성을 이끌고 예루살렘으로 향하는 일이 사람의 힘이나 능력으로 되지 아니하고 오직 하나님의 영으로 되는 일이기 때문이다. 달리 표현하자면, 스룹바벨이 성령 충만할 때, 그 기름이 공급되어 불을 밝히고 앞으로 나아갈 수 있는 것이다.

… 만군의 여호와께서 말씀하시되 이는 힘으로 되지 아니하며 능력으로 되지 아니하고 오직 나의 영으로 되느니라 슥 4:6

하나님은 그에게 "너 감람나무 스룹바벨아, 네 힘으로는 절대로 산을 넘지 못한다. 이는 내 영으로 가능한데, 감람나무의 기름이 마르지 않으려면 성령의 기름 부음을 계속 받아야 한다. 네가 성령 충만하면 내가 일한다. 너에게서 기름 부음이 멈추지 않으면 내가 너희 가는 길에 앞서가서 길을 평탄하게 할 것이다. 모든 산을 평지가 되게 하겠다"라고 하시는 것이다. 이것이 바로 하나님께서 스룹바벨을 준비시키시는 과정이다.

성령 충만 없이는 일할 수 없다

하나님은 아무나 쓰지 않으시기 때문에 그분의 일꾼은 기름 부음을 받아 성령으로 충만한 상태를 유지해야 한다. 수억 원짜리 자동차도 기름이 없으면 가다가 멈추듯 우리에게 성령의 기름 부음이 없다면 하나님의 일을 할 수 없다. 하나님이신 예수님도 그냥 일하지 않으시고 성령의 기름 부음을 받고 일하셨다.

하나님이 나사렛 예수에게 성령과 능력을 기름 붓듯 하셨으매 그가 두루 다니시며 선한 일을 행하시고 마귀에게 눌린 모든 사람을 고치셨으니 이는 하나님이 함께하셨음이라 **행 10:38**

예수님은 기름 부음을 받으신 때부터 온 마을로 다니시면서 선한 일을 행하시고 마귀에게 눌린 자를 해방시키고 귀신을 쫓아내시고 하나님나라의 복음을 전하셨다.

예수님도 기름 부음을 받고 사역하셨는데, 하물며 스룹바벨이겠으며 하물며 우리겠는가. 하나님은 성령의 기름을 부으시고 성령 충만한 사람에 앞서 행하시는 분이다.

하나님은 성령이 없는 사람을 통해 일하지 않으신다. 성령을 소멸하고, 성령을 거스르고, 성령을 근심시키는 자를 통해서는 어떤 일도 하지 않으신다. 성령의 기름 부음을 계속 받는 자를 통해서 하나님은 자유롭게 일하신다.

너희는 주께 받은 바 기름 부음이 너희 안에 거하나니 아무도 너희를 가르칠 필요가 없고 오직 그의 기름 부음이 모든 것을 너희에게 가르치며 또 참되고 거짓이 없으니 너희를 가르치신 그대로 주 안에 거하라

요일 2:27

불이 계속 켜져 있으려면 기름 부음을 받은 감람나무에 기름이 마르지 않고 일곱 등잔대에 기름을 계속 공급해야 하는데 감람나무는 자체적으로 그럴 수 없으므로 성령 하나님의 기름 부음을 받아야 한다.

우리를 너희와 함께 그리스도 안에서 굳건하게 하시고 우리에게 기름을 부으신 이는 하나님이시니 그가 또한 우리에게 인치시고 보증으로 우리 마음에 성령을 주셨느니라 **고후 1:21,22**

우리가 성령의 기름 부음을 받아 성령 충만한 삶을 살면, 하나님은 우리 앞에서 행하시고, 우리 앞을 가로막는 산을 평지로 만드신다. 얼

마나 가슴 뛰고 멋진 일인가!

그런데 우리는 자신의 상태는 생각하지 않고 하나님께 산을 깎아 달라고만 한다.

"하나님, 왜 내 앞에서 행하지 않으시고 저 사람 앞에서만 행하십니까? 왜 저 사람은 걸어가기만 해도 산이 저절로 평지가 되고, 누구는 그 평지에 곡식을 심어서 돈도 버는데 왜 내 앞의 산은 여전히 가로막고 서 있습니까?"

한숨을 쉴 때마다 성령님이 떠나가신다는 말이 있다. 앞을 가로막는 산을 바라보며 근심하고 한숨 쉬는 자에게는 성령이 떠나가셔서, 큰 산을 만날 때 "아이고" 불평하면 30퍼센트가 빠져나가고 또 "아이고" 원망하면 30퍼센트가 빠져나가고 또 "아이고" 낙담하면 100퍼센트가 빠져나간다는 것이다.

하나님은 성령 충만한 사람의 산을 깎아주신다는 것을 기억하라. 그 사실을 모르는 사람은 매일 불평하며 깎이지 않는 자기의 산만 바라보는데, 그런 사람이 되지 않으려면 내 안에 성령이 충만해야 하며 성령 충만한 상태를 항상 유지해야 한다.

우리도 스룹바벨처럼

'스룹바벨'이라는 이름의 뜻을 새겨볼 필요가 있다. '바벨론에서 태어난 자'라는 의미다. 부모는 포로로 잡혀 왔지만, 그는 바벨론에서 태어났다. 부모에 비해 바벨론이 익숙하고 말도 잘 통하고 모든 면에서 더 편한 사람이었다.

그런데 한 번도 가본 적이 없는 부모의 땅, 예루살렘으로 가라는 명령을 받아 그 명령에 순종했다. 감람나무 같은 자기 삶에 성령의 기름관을 연결하고 계속 성령의 충만함을 받아 그 수많은 산을 넘고 1,500킬로미터를 완주해 마침내 예루살렘에 성전을 재건했다.

우리도 스룹바벨처럼 '바벨론'(죄의 세상)에서 태어난 자들이다. 죄의 세상에서 죄인으로 태어나 하나님을 모르고 살았고, 죄의 세상이 편하고 좋았다. 그런데 하나님께서 우리를 택하여 자녀 삼으시고, 천국으로 가라고 영적 예루살렘으로 부르셨다.

우리는 "아멘" 하고 순종하여 그 길을 나섰고, 영적으로 충만하여 우리의 영원한 예루살렘인 천국을 향해 하나님을 따라 가고 있다. 하나님은 믿음의 여정을 가는 우리를 앞서가시며, 스룹바벨 앞의 산들을 평지로 만드신 것처럼, 우리 삶에서 만나는 산들을 평지로 만들어 주신다.

지금 큰 산 때문에 멈춰 섰는가? 어떤 산이 앞을 가로막고 있는가? 무슨 산 앞에서 넘을 힘도 없고, 옮길 힘도 없고, 옆으로 돌아갈 힘도 없이 좌절하고 있는가? 그 산을 평지로 만들기 위해 당신이 가장 먼저 할 일은 불도저를 몰고 산으로 가는 것이 아니라, 당신 안에서 성령님이 자유롭게 일하시도록 성령의 기름 부음, 성령 충만을 받는 것이다.

인도의 선교사로 가장 유명한 스탠리 존스는 《순례자의 노래》(The Song of Ascents)라는 책에서 "내가 예수님을 믿을 때 하나님께서 내게 거듭남과 성령 충만이라는 두 가지 선물을 주셨는데, 거듭남은 나를 하나님나라로 데리고 갔고, 성령 충만은 하나님나라를 내게로 데리고 왔다"라는 놀라운 말을 했다.

성령 충만하면 하나님나라가 내 안으로 들어오는 것이니 험산 준령을 지난다 해도 높은 산과 거친 들, 초막과 궁궐 어디든 "내 주 예수 모신 곳이 그 어디나 하늘나라" 아니겠는가?

당신 앞의 험한 산을 보지 말고, 산과 당신 사이에 계신 하나님을 바라보라. 그분을 바라볼 때 험한 길도 평탄하게 보이고 높은 산도 평지로 보인다. 성령으로 충만하지 않으면 작은 언덕도 에베레스트산처럼 보이지만, 성령 충만하면 에베레스트산도 동네의 언덕보다 낮게 여겨진다.

성령의 권능과 권세를 받으면 산이 깎이지 않더라도 산을 평지처럼 넘을 힘을 얻는다. 그러니 항상 성령 충만하기에 힘쓰라. 하나님은 성령 충만한 자에게는 산을 넘어갈 힘을 주실 뿐만 아니라 산을 깎아 주신다.

'내 앞의 산'을 무너뜨리기 전에 '내 안의 산'을 먼저 무너뜨리는 성령 충만이 당신에게 있기를 바란다. 믿음으로 내 안의 산을 먼저 무너뜨릴 때, 첩경을 평탄케 하고 약속을 성취하시는 하나님께서 앞서가시며 내 앞의 산들을 전부 무너뜨려 평지로 만드실 것이다.

히브리서 1장 6절

또 그가 맏아들을 이끌어 세상에 다시 들어오게 하실 때에 하나님의 모든 천사들은 그에게 경배할지어다 말씀하시며

불신의 산을 무너뜨리라

능력을 베푸시는 믿음

가장 먼저 무너뜨릴 산은 불신의 산이다. 이 불신은 어떤 사람이 아닌, 하나님을 의심하고 믿지 않는 것을 가리킨다. 이 불신의 산이 무너지지 않고는 하나님의 능력이 우리 가운데 나타나지 않고 나머지 산들도 꿈쩍하지 않기 때문에 이 산부터 무너뜨려야 한다.

이 산은 다른 말로 '원죄의 산'이라고도 한다. 즉 불신의 산을 무너뜨린다는 것은 원죄의 산을 무너뜨리는 것이다. 우리가 태어날 때부터 가지고 태어난 원죄의 산이 우리와 하나님 사이를 가로막고 있었기 때문이다.

불신자 또는 비신자라고 지칭되는 '믿음 없는 사람' 앞에 가로막고 있는 불신의 산이 무너져 모두 예수 믿는 주의 자녀가 되기를 바라며, 이 불신과 원죄의 산을 무너뜨리기 위하여 먼저 '믿음'에 관해 이야기해보겠다.

하나님은 전능하시다. 능력이 좀 있는 게 아니라 모든 것을 할 수 있는 전적인 능력을 가지셨다. 우리가 찬양하듯 우리 하나님은 힘이 있고 능력이 있어 못 할 일이 전혀 없다. 그런데 그 능력을 아무에게나 사용하지는 않으신다. 도대체 누구에게는 아낌없이 베푸시고 또 누구에게는 단 한 자락도 베푸시지 않는가?

오직 믿음이 있는 사람에게만 그 능력을 베푸신다. 믿음이 있는 자에게는 능력을 베푸시지만, 주님을 믿지 않는 사람, 하나님과 관계가 없는 사람에게는 그 능력을 사용하지 않으신다. 그래서 하나님은 우리에게 다른 아무것도 요구하지 않으시고, "너희에게 믿음이 있느냐"라며 오직 믿음을 요구하신다.

성경에서 예수님은 능력을 베푸시기 전에 언제나 그 사람에게 "네가 이것을 믿느냐?"라고 물으셨다. 이렇게 항상 믿음을 확인하신 다음에 믿음이 있으면 능력을 행하시고 없으면 쳐다도 보시지 않았다. 다르게는, 묻지 않았다면 성경은 "저에게 구원받을 만한 믿음이 있으므로"라고 기록한다.

믿음이 없이는 하나님을 기쁘시게 하지 못하나니 하나님께 나아가는 자는 반드시 그가 계신 것과 또한 자기를 찾는 자들에게 상 주시는 이심을 믿어야 할지니라 **히 11:6**

성경은 믿음이 없이는 하나님을 기쁘게 할 방법이 없다고 말씀한다. 믿음이 없는데 "하나님, 이거 좀 잡숴보세요" 한다고 하나님께서 기뻐하실 리가 없고, "하나님, 제가 돈이 좀 생겼어요" 하며 헌금한다고 기뻐하실 것도 아니다. 믿음 없는 자가 무엇으로 기쁘시게 하려 해도 하나님은 기뻐하지 않으신다.

그렇다면 하나님은 언제 기뻐하시는가? 어떤 사람을 보고 그에게서 무엇을 발견했을 때 가장 기뻐하시는가? 믿음 있는 자를 만났을 때, 믿음을 발견했을 때다. 그분의 자녀가 하나님께 돌아오는 것, 즉 믿음으로 구원 얻는 것을 가장 기뻐하시며, 믿음이 있는 사람을 만날 때 가장 기뻐하신다. 바꾸어 말하면, 믿음 없는 사람을 보실 때는 매우 슬퍼하시고, 책망하거나 꾸짖으신다는 것이다.

하나님의 역사가 일어나기 위해서 우리에게 필요한 것은 믿음이다. 그래서 하나님은 그 믿음을 가진 사람을 만나면 기뻐하셨고, 그를 구원하셨고, 그에게 능력을 나타내셨으나 어떤 사람에게서 그런 믿음을 보지 못하면 그를 책망하고 꾸짖으신 것이다.

믿음, 책망과 칭찬의 가름대

믿음 없어 책망받은 사람

예수님은 제자들에게 왜 돈이 없느냐고 꾸짖으신 적이 없고, 왜 아프냐고 타박하신 적이 없고, 왜 배운 것이 없냐고 책망하신 적이 없다. 다만 주님이 꾸짖으실 때는 딱 하나 때문이다. "믿음 없음을 보시고", 믿음이 없을 때는 불같이 꾸짖으셨다.

물 위를 걷다가 풍랑을 보고 물에 빠져가는 베드로를 건져주시면서 책망하신 내용도 믿음이다.

··· 믿음이 작은 자여 왜 의심하였느냐 ··· **마 14:31**

제자들과 갈릴리호수를 건너갈 때 풍랑이 일어났다. 제자들이 두려워 떨며 예수님을 깨우자 예수님은 풍랑을 잠잠케 하신 다음 풍랑을 꾸짖은 것보다 더 강한 어조로 제자들을 꾸짖으셨다. 그들의 믿음에 관해서였다.

제자들에게 이르시되 너희 믿음이 어디 있느냐 ··· **눅 8:25**

부활을 의심하는 도마를 책망하신 내용도 믿음이다. 도마가 예수님이 부활하신 것을 믿지 못하자 다시 찾아온 예수님은 그의 손가락을 내밀어 예수님의 옆구리에 넣어보라고 하시고 그의 믿음 없음을 책망하셨다.

예수께서 이르시되 너는 나를 본 고로 믿느냐 보지 못하고 믿는 자들은 복되도다 하시니라 **요 20:29**

예수님을 믿어도 대충 믿거나 예수님의 능력을 의심하거나 예수님을 능력이 없는 분으로 생각하는 사람에게는 '기분 나빠서 한번 보여줄까' 하지도 않으시고, 아무 능력을 행하지 않으신다. 믿으면 아낌없이 능력을 행하시지만, 믿지 않으면 능력이 있어도 조금도 행하지 않으신다.

예수님이 갈릴리에 계실 때 회당에서 하나님의 말씀을 가르치시자 동네 사람들이 예수를 보고 놀라면서도, 같은 동네에서 자랐고 그 가족을 다 안다며 예수님의 능력을 신뢰하지 않고 배척했다. 이에 대해 성경은 이렇게 기록하고 있다.

> 그들이 믿지 않음으로 말미암아 거기서 많은 능력을 행하지 아니하시니라 **마 13:58**

믿음으로 칭찬받은 사람

그러나 주님은 믿음 없는 사람은 책망하고 꾸짖으셔도 믿음 있는 사람을 만나면 그분의 능력을 다 쏟아부어 주신다.

열두 해 혈루증을 앓고 있는 여인에게는 예수님의 옷자락만 만져도 나을 것이라는 실낱같은 믿음이 있었다. 그런데 너무 많은 사람이 예수님을 에워싸고 있어서 가까이 갈 수가 없자 그녀는 이리 비집고 저리 비집고 들어가 예수님의 옷자락을 만졌다.

아무도 몰라도 예수님은 능력이 몸에서 나간 줄 아시고 누가 내 몸에 손을 대었느냐고 물으셨다. 베드로가 사람이 이렇게 많으니 누가 몸에 손을 댔는지 어떻게 알겠냐고 했지만 예수님은 이 일 행한 여인을 보려고 둘러보셨다.

그 여인이 도저히 숨길 수 없는 것을 알고 자신이 한 것을 이실직고하자 예수님은 화를 내신 게 아니라 오히려 그녀의 믿음을 보고 기뻐하며 이렇게 말씀하셨다.

예수께서 이르시되 딸아 네 믿음이 너를 구원하였으니 평안히 가라 네 병에서 놓여 건강할지어다 **막 5:34**

그때 예수님은 회당장 야이로와 함께 그의 집으로 가고 계셨는데 사람들이 와서 야이로의 딸이 죽었다는 소식을 전하자 야이로에게 말씀하셨다.

… 회당장에게 이르시되 두려워하지 말고 믿기만 하라 하시고 **막 5:36**

주님은 믿음을 요구하신 것이다. 성경을 보라. 믿음을 찾지 않으실 때가 없다. 성경에는 "믿는 자들에게는 이런 표적이 따르리니…"라는 구절이 수없이 등장한다. 표적이 따르는 전제 조건은 늘 '믿는 자들'이었다. 주님이 우리에게 기쁨으로 능력을 베푸시는데 단, 믿음이 있는 자들에게 나눠주신다.

성경은 "여호와의 눈은 온 땅을 두루 감찰하사 전심으로 자기에게 향하는 자들을 위하여 능력을 베푸시나니…"(대하 16:9)라고 말씀한다. 그러므로 하나님께서 우리를 통해 마음껏 일하시려면 우리에게 하나님을 향한 믿음이 있어야 한다.

예수님을 믿는다는 말의 의미

예수님을 믿는 믿음은 "내가 예수님을 믿습니다. 예수님이 날 살리신 걸 믿습니다" 이 정도가 아니라 다음의 5가지를 모두 정확하게 믿는 것을 가리킨다.

예수님의 동정녀 탄생

예수님은 남자의 몸을 통하지 않고 처녀의 몸을 통해 하나님께서 인간이 되어 이 땅에 성육신하셨다는 것을 믿어야 한다.

예전에 고(故) 하용조 목사님이 연예인교회를 개척하셨을 때, 몇몇 사람과 성경 공부를 하는 중에 코미디언 배삼룡 씨가 자꾸 "나는 다른 건 다 믿어도 예수가 남자 없이 태어났다는 건 못 믿어. 난 그게 안 믿겨요" 하더란다. 결국 옆에서 구봉서 씨가 "야, 그냥 믿어! 자기 남편도 믿는데 왜 네가 못 믿냐" 하고 한마디 해서 조용해졌다는 일화가 전해진다.

십자가

예수님이 십자가에 달리신 건 그분 자신의 죄 때문이 아니라 나의 죄 때문이라는 것을 믿어야 한다. 죄 없는 그분은 십자가에 달리지 않아도 되고 죄 있는 내가 달려야 되는데, 내가 달리면 죽고 끝이니까 내 죄를 속량하고 날 살리기 위해서 예수님이 대신 죽어주셨다는 것을 믿어야 한다.

부활

예수님은 죄에 대한 심판의 값만 지불하신 것이 아니라 3일 후에 부활하셨다는 것을 믿어야 한다. 그분은 사망의 종노릇 하지 않고 사망 위에 계시는 생명의 주관자가 되셔서 이제 사망과 아무 상관 없는 생명을 거머쥐고 사흘 만에 다시 살아나셨는데, 그 영생을 가지고 "너는 죽냐? 나는 사는데"라며 우리에게 자랑하시는 게 아니라 우리 안에 선물로 주셨다.

승천

예수님은 부활하신 후 40일 동안 수도 없이 제자들에게 나타나셨고 그 후 우리의 처소를 예비하기 위해서 하늘로 오르셨다. 그 승천하심을 또한 믿어야 한다.

재림

하늘에 우리의 처소가 다 예비되면 예수님은 우리를 그 예비된 처소로 데리고 가기 위해 다시 오실 것이다. 그 다시 오심, 즉 재림을 믿어야 한다.

이상과 같이 예수님의 동정녀 탄생, 십자가, 부활, 승천, 재림까지 이 다섯 가지를 다 의심 없이 믿을 때 비로소 나는 예수님을 믿는다고 말하는 것이다. 이 중에 4개는 믿는데 하나를 안 믿는다면 그는 예수를 믿지 않는다는 것이다.

도마는 예수님이 하나님의 아들이신 것과 동정녀 탄생을 믿었고, 예수님의 제자로서 그분이 십자가에 달리신 것도 누구보다 잘 알았다. 그런데 부활을 못 믿었다. 동정녀 탄생과 십자가, 이 두 가지를 믿는다고 해도 그 믿음은 온전한 믿음이 아니기 때문에 주님은 온전하지 않은 믿음을 책망하셨다.

준비된 구원, 구원 얻는 믿음

능력이 우리에게 있느냐 없느냐는 중요한 게 아니다. 어차피 없고, 있어도 소용없다. 우리 능력으로는 그 산 하나의 절반도 무너뜨리지 못한다. 구원도 마찬가지다. 하나님은 우리를 구원하시기 위해 모든 것을 다 준비하셨고, 구원을 받기 위해서 우리가 할 수 있는 건 아무

것도 없다.

에베소서 1장은 우리의 구원을 위한 하나님의 위대한 준비를 이렇게 한편의 대서사시처럼 기록하고 있다.

곧 창세 전에 그리스도 안에서 우리를 택하사

우리로 사랑 안에서 그 앞에 거룩하고 흠이 없게 하시려고

그 기쁘신 뜻대로 우리를 예정하사

예수 그리스도로 말미암아 자기의 아들들이 되게 하셨으니

이는 그가 사랑하시는 자 안에서 우리에게 거저 주시는 바

그의 은혜의 영광을 찬송하게 하려는 것이라

우리는 그리스도 안에서 그의 은혜의 풍성함을 따라

그의 피로 말미암아 속량 곧 죄 사함을 받았느니라

이는 그가 모든 지혜와 총명을 우리에게 넘치게 하사

그 뜻의 비밀을 우리에게 알리신 것이요

그의 기뻐하심을 따라 그리스도 안에서

때가 찬 경륜을 위하여 예정하신 것이니

하늘에 있는 것이나 땅에 있는 것이 다

그리스도 안에서 통일되게 하려 하심이라

모든 일을 그의 뜻의 결정대로 일하시는 이의 계획을 따라

우리가 예정을 입어 그 안에서 기업이 되었으니

이는 우리가 그리스도 안에서 전부터 바라던

그의 영광의 찬송이 되게 하려 하심이라 **엡 1:4-12**

하나님께서 우리를 창세 전에 예정하시고, 시간 되어 택하시고, 때가 되어 보내시고, 경륜이 차니 복음 전하는 사람을 보내어 복음을 듣게 하시고, 그로 말미암아 믿게 하셨다. 이 모든 것에 있어서 우리가 한 것은 단 한 자락도 없다. 하나님께서 나 한 사람을 위해 태초부터 지금까지 모든 것을 준비하시고 다 해놓으신 후에 물으시는 것이다. "네가 나를 믿느냐?"라고.

그 안에서 너희도 진리의 말씀 곧 너희의 구원의 복음을 듣고 그 안에서 또한 믿어 약속의 성령으로 인치심을 받았으니, 이는 우리 기업의 보증이 되사 그 얻으신 것을 속량하시고 그의 영광을 찬송하게 하려 하심이라 **엡 1:13,14**

하나님은 그 모든 것이 내 안에서 구원으로 이루어지기 위해 우리에게 믿음을 요구하신다. 믿음은 행위가 아니고, 하나님께서 다 행하신 것을 인정하고 받아들이는 것이다. 성경은 믿음으로 구원을 받는다고 말씀한다.

너희는 그 은혜에 의하여 믿음으로 말미암아 구원을 받았으니 이것은 너희에게서 난 것이 아니요 하나님의 선물이라 **엡 2:8**

"그를 믿는 자마다 멸망하지 않고 영생을 얻"(요 3:16)는다, 즉 구원을 받는다고 했으니 하나님께서 "네가 믿느냐?" 물으실 때 "예, 제가 믿습니다" 하는 자는 그분의 자녀가 되고, 하나님께서 베풀어주신 모든 능력이 하늘에 구름처럼 둥둥 떠 있는 게 아니라 그 안에 역사하게 된다. 그래서 하나님께서 행하신 모든 것, 그 모든 능력이 성도 안에서 역사되기 위해 하나님의 능력이 들어오는 문의 이름이 '믿음'이다.

원죄의 산이 무너지고 하나님의 자녀로

전능하신 하나님께서 그 능력을 우리에게 늘 베풀지 않으시는 데에는 큰 문제가 하나 있다. 하나님과 우리 사이에 그 능력을 가로막는 산이 있다는 것이다.

우리는 태어날 때부터 죄인으로 태어나 하나님과 우리 사이에는 건널 수 없는 죄의 산이 있었다. 그 산이 하나님과 우리 사이를 가로막았고, 하나님의 능력이 우리에게 역사하지 못하도록 했다. 하나님께서 우리에게 말씀하셔도 죄의 산이 그 말씀을 가로막고, 우리가 힘들어서 신음하고 소리 질러도 이 산이 우리를 가로막아 하나님께서 듣지 않게 했다.

이렇듯 하나님의 능력이 우리에게 일어나지도 않고 우리가 필요한 것을 하나님께 아뢰지도 못했던 것은 하나님과 우리 사이에 에베레스트산보다도 높이 솟은 죄의 산이 가로막고 있었기 때문이다. 그러므로 하나님의 능력이 우리에게 일어나려면 가장 먼저 죄의 산을 평지로 만들어야 한다.

원래 인간과 하나님 사이에는 가로막는 산이 없었다. 그런데 인간이 하나님의 말씀에 불순종하니 죄가 하나님과 우리 사이를 가로막는 산이 되었다. 그 죄의 산은 우리가 하나님께로 가지 못하게 막았고, 그 죄의 산이 버티고 있는 한 하나님도 우리에게 역사를 행하지 않으신다. 이것을 성경은 이렇게 말씀한다.

> 여호와의 손이 짧아 구원하지 못하심도 아니요 귀가 둔하여 듣지 못하심도 아니라 오직 너희 죄악이 너희와 너희 하나님 사이를 갈라놓았고 너희 죄가 그의 얼굴을 가리어서 너희에게서 듣지 않으시게 함이니라
>
> **사 59:1,2**

하나님의 능력은 여전하고, 나를 도와주고 싶지만 하나님의 손이 짧아서 도와주지 못하시는 것이 아니고, 하나님의 귀가 노쇠하여 내 기도를 듣지 못하시는 것도 아니다.

하나님의 손으로 능력을 베푸시려 해도 오직 죄가 우리와 하나님 사이를 가로막아서 능력을 베풀지 않으시고, 하나님께서 "그 길 아니야. 이 길로 가야 해" 아무리 좋은 길로 말씀하셔도 그 음성을 죄의 산이 가로막아 우리가 듣지 못한다. 우리가 삶의 어려움으로 하나

님께 도와달라고 아무리 부르짖어도 죄의 산이 가로막아 하나님께서 우리의 기도를 듣지 않으시게 되었으니 그 어떤 산보다 가장 먼저 무너뜨려야 할 산은 이 죄의 산이다.

우리가 하나님의 자녀가 되려면 하나님과 우리 사이를 가로막고 있는 이 산이 무너져야 한다. 이 죄의 산이 무너져서 평지가 되어야 그다음부터 나머지 산들을 하나님께서 평지로 만들어주신다.

우리와 하나님 사이에 가로막힌 죄의 산이 무너져야 하나님께서 능력을 베푸신다면, 이 죄의 산은 어떻게 해야 무너지는 것일까? 이 산을 무너뜨린 분을 소개하겠다.

죄의 산을 무너뜨리신 분

우리가 태어날 때부터 가지고 나왔던, 하나님과 우리를 가로막는 이 죄의 산은 우리 인간의 힘으로 어찌할 수 없고 우리의 능으로도 어찌할 수 없다. 매일 눈만 뜨면 곡괭이 들고 나가서 그 산을 파고 아무리 삽으로 그 흙을 퍼낸다고 해도 그 산이 없어지지 않는다. 우리에게는 산을 평지로 만들 능력이 없다.

이 산은 오직 예수 그리스도로 말미암아 무너뜨릴 수 있다. 그 일은 오로지 하나님과 우리 사이의 중보자로서 하나님으로부터 오신, 하나님의 아들 예수님만이 하실 수 있다. 그래서 예수님이 요단강으로 세례받으러 나아오실 때 세례 요한이 그를 보고 "보라 세상 죄를 지고 가는 하나님의 어린양이로다"(요 1:29)라고 외친 것이다.

예수님이 이 땅에 오신 목적은 바로 하나님과 우리 사이에 가로막혀 있었던 그 세상 죄를 짊어지고 가기 위해서였다. 하나님과 우리 사이를 가로막았던 높은 담을 그분이 오셔서 다 평지로 만드시는 것이다. 이것에 대해서 성경은 에베소서 2장에 정확하게 이렇게 기록해놓았다.

그때에 너희는
그리스도 밖에 있었고 이스라엘 나라 밖의 사람이라
약속의 언약들에 대하여는 외인이요
세상에서 소망이 없고 하나님도 없는 자이더니
이제는 전에 멀리 있던 너희가
그리스도 예수 안에서 그리스도의 피로 가까워졌느니라
그는 우리의 화평이신지라 둘로 하나를 만드사
원수 된 것 곧 중간에 막힌 담을 자기 육체로 허시고
법조문으로 된 계명의 율법을 폐하셨으니
이는 이 둘로 자기 안에서 한 새사람을 지어 화평하게 하시고
또 십자가로 이 둘을 한 몸으로
하나님과 화목하게 하려 하심이라
원수 된 것을 십자가로 소멸하시고
또 오셔서 먼 데 있는 너희에게 평안을 전하시고

하나님과 우리가 죄로 말미암아 원수처럼 갈라져 서로 가까이할 수 없을 때 예수님이 오셔서 우리의 죄를 대신 짊어지고 십자가 위에서 희생의 제물로 죽임당하심으로 하나님과 우리 사이를 화목케 하는 화목제물이 되셨다.

십자가에서 단번에 영원한 속죄를 이루고 하나님과 우리를 화목케 하신 예수님을 믿을 때, 하나님과 우리 사이를 가로막은 죄의 산이 허물어지고 하나님은 우리 속에서 자유롭게 일하실 수 있다.

하나님과 우리 사이에 있던 불신의 산은 예수님을 믿는 믿음 앞에 허물어진다. 예수님을 입으로 시인하여 구원에 이른 사람은 그 산이 온데간데없어졌으니 이제 하나님은 그 믿는 자에게 능력을 마음껏 베푸실 수 있게 되었다. 그러나 예수님을 믿지 않는 사람들은 그 산이 여전히 하나님과 그들 사이를 가로막고 있다.

하나님께서 능력이 없어서가 아니라 그 산이 가로막고 있어서 하나님께서 능력을 베풀지 않으시는 것이니, 우리 모두 예수를 믿음으로 불신의 산을 무너뜨려서, 믿는 자에게 베풀겠다고 약속하신 그 능력을 아낌없이 마음껏 우리에게 베풀어주시기를 축원한다.

하나님의 자녀가 되는 특권

예수님의 대속을 믿음으로 죄의 산이 무너져 이제 우리는 하나님께 나아갈 수 있는 자격을 얻었다. 이렇게 죄인이던 우리가 신분이 변하여 의인이 된 것은 정말 놀라운 일이지만 이보다 더 놀랍고 감동적인 사실이 있다.

예수님을 믿는 순간 죄의 산이 평지가 되고, 우리의 신분이 죄인에서 자녀로 바뀐다. 예수님은 우리를 의인 정도, 하나님 앞에 나아가고 하나님과 교통하는 사이가 정도가 아니라 하나님의 자녀가 되도록 신분을 바꿔주셨다.

하나님과 내가 그저 의인 대 의인으로 만나고 법정 앞에서 의인끼리 만나 계약을 맺는 차원이 아니라 나를 하나님의 자녀로 하나님나라의 한 식구로 만들어주신 것이다. 이 말도 안 되는 특권에 대해 성경은 다음과 같이 분명히 말씀한다.

영접하는 자 곧 그 이름을 믿는 자들에게는 하나님의 자녀가 되는 권세를 주셨으니 **요 1:12**

하나님을 믿으면 하나님의 자녀가 되는데, 그것을 권세라고 표현한다. 단순히 자녀가 된 것으로 끝나는 것이 아니라, 아버지의 권세를 이어받는 자가 된다는 것이다.

정교회 사제이자 신학자인 알렉산더 슈메만은 주기도문을 강해한 그의 책 《하나님 우리 아버지》(Our Father)에서, 예수님이 주기도문을 통해 우리에게 주신 가장 큰 선물은 '하나님을 아버지라고 부르게 하신 것'이라고 했다. 주기도문이 우리에게 준 가장 위대한 선물은 하나님을 더 이상 하나님이라고 부르는 게 아니라 아버지로 부르도록 주님이 그 길을 열어주신 그것이다.

유대인들은 절대 하나님을 아버지라고 부를 수 없었다. '야훼'라는 이름도 부를 수 없어 별명으로 '아도나이'(주님, 나의 주)라고 부른 그들이다. 하나님을 아버지라고 부른다는 건 상상할 수도 없었다. 구약에서 하나님께서 스스로 "나는 너의 아버지이고 너희는 나의 자녀다"라고 말씀하실 수는 있어도 우리가 뻔뻔히 "우리가 당신의 자녀잖아요"라고 할 수는 없었다.

열두 제자가 하나님의 아들로서 이 땅에 오신 예수님을 스승으로 모시고 따라다닐 때, 예수님이 여러 기적을 일으키시는 것도 너무 매력적이고 부러웠겠지만, 가장 부러운 것은 하나님을 아버지라고 부르시는 것 아니었을까?

예수님이 기도하실 때마다 "아버지여" 하시는데, 자신들은 역사 이래로 아버지라고 불러본 적이 없으니 그 모습이 너무도 부러웠겠지만 건널 수 없는 강이었다. 그런데 예수님에게 기도를 가르쳐달라고 하니 "너희는 이렇게 기도해라" 하고 따라 하라며 하신 첫 마디가 "하늘에 계신 우리 아버지여"였다.

그 말이 입에서 나오기가 정말 힘들었겠지만 "아버지여"가 나오는 순간 하나님은 내 아버지가 되시는 것이고, 그때부터 기도의 새로운 지평이 열리는 것이다. 자녀가 아버지께 기도하는 기도가 되었으니 이게 얼마나 큰 능력인가!

영접하는 자 곧 그 이름을 믿는 자에게는 하나님의 자녀가 되는 권세를 주셨고, 자녀 됨은 부모의 것을 누릴 특권을 가지게 되었다는 것이다. 하나님을 아버지라고 부르는 게 얼마나 감사한 일이며 하나님의 자녀가 됐다는 게 얼마나 위대한 축복인지 절대로 잊어버려서는 안 된다.

우리를 사랑하여 약자가 되신 하나님

너희 중에 누가 아들이 떡을 달라 하는데 돌을 주며 생선을 달라 하는데 뱀을 줄 사람이 있겠느냐 너희가 악한 자라도 좋은 것으로 자식에게 줄 줄 알거든 하물며 하늘에 계신 너희 아버지께서 구하는 자에게 좋은 것으로 주시지 않겠느냐 **마 7:9~11**

남들에게는 못됐기 이를 데 없는 세상의 악한 부모도 자기 자식에게는 좋은 것을 줄 줄 아는데 하물며 선하신 하나님 아버지께서 구하는 자녀에게 좋은 것으로 주시지 않겠느냐는 것이다. 하나님이 아버지시면 얘기 끝이다.

예수를 믿어 구원을 받으면 하나님께 용서받은 자 정도가 아니라 나는 하나님을 아버지라 부르고 하나님은 나를 자녀라 부르시는 관계가 된다. 그러면 아버지가 되어주신 하나님은 그분의 모든 권세를 자녀에게 옮겨 자녀의 권세로 만들어주신다.

자녀는 아버지의 권세를 가진 사람이다. 당신에게 자녀가 있다면 생각해보라. 당신이 가진 재력과 인맥과 모든 좋은 것을 누구에게 남기고 누구 주려고 그렇듯 노력하는 것인가?

물론 첫째는 하나님나라를 위해 쓰려는 것이겠지만, 그다음으로는 결국 자녀에게 가는 것 아니겠는가. 자녀를 보고 말은 "아이구, 저 원수덩어리"라고 해도, 미우나 고우나 부모가 가진 모든 것이 자녀에게 흘러가니 자녀의 권세란 실로 대단한 것이다.

따지고 보면 이 자녀의 권세라는 게 우습기 짝이 없다. 부모와 한집에서 살면서 자기 것은 하나도 없고 다 부모 것인데도 전부 제 것처럼 누리는 이 뻔뻔함을 권세라고 한다.

어느 자녀가 배고프다고 주방에 가서 "어머니, 괜찮으시다면 냉장고 문을 한 번 열어도 되겠습니까?" 하고 허락을 구하는가. 자기 것처럼 냉장고 확 열어서 묻지도 않고 과일 꺼내 먹고, 더 놀라운 사실은 그러면서도 맛없다고 불평하고 큰소리친다는 것이다.

부모 돈으로 침대를 사줘도 어떤 자녀가 "아버지, 괜찮으시다면 제가 오늘 이 침대에서 자도 되겠습니까?"라며 허락 맡고 감사한 마음으로 눕는가. 자기 거라고 맘대로 눕고, 게다가 누워서 물 좀 갖다 달라느니 방이 춥니 덥니 하며 요구사항도 많다. 그러면 엄마는 그 말에 늘 끌려다니며 심부름을 하고….

부모의 모든 것이 자녀의 권세로 가게 되고 자녀는 뻔뻔하기 이를 데 없지만, 자녀로서 그 권세를 마음껏 누리는 게 부모와 자식 간의 관계 아니던가. 왜 부모가 끌려다닐까?

더 사랑하는 사람이 항상 약자라는 말이 있다. 부부간에도 막 큰 소리치는 사람이 있고 늘 말을 들어주는 사람이 있는데 그 사람이 힘이 없어서가 아니다. 그 사람이 더 사랑하는 사람이기 때문이다. 더 사랑하는 사람이 약자다. 부모가 자식에게 끌려다니는 이유는 더 사랑하기 때문이다.

부모가 더 사랑하니까 약자의 자리에 기쁘게 서 있고 자기의 모든 권세를 자녀에게 줘서 오히려 자녀가 부모 앞에 권세를 부리도록 하는 것이다. 하나님을 아버지라고 부르게 된 이 엄청난 복과 특권을 가볍게 여기지 말고 감사히 누리기 바란다.

하나님도 우리가 우리를 사랑하는 것보다 더 우리를 사랑하셔서 스스로 부모의 자리를 취하시고 스스로 약자가 되어 우리의 필요를 늘 채워주시고 베풀어주시니 하나님 크신 사랑은 말로 다 형용 못 하고 영원히 변치 않는 그 사랑을 찬양할 뿐이다.

믿음은 당연한 것이 아니다

하나님을 영접하는 자 곧 그 아들의 이름을 믿는 자는 하나님의 자녀가 된다고 했는데 예수님을 믿어 영생을 얻고 하나님의 자녀가 되는 것은 절대로 당연한 게 아니며 절대로 가벼운 일이 아니다.

하나님께서 택하셔서 나를 구별하고 예정하셔서 복음 전하는 사람을 보내주셔서 그 복음을 들었을 때 믿어진 것이다. 그래서 구원도 선물이고 믿음도 선물이다.

당신이 "하나님을 영접하고 예수님을 믿습니까?"라는 질문에 "아멘" 했다면 다른 복 안 받아도 가장 큰 복을 받은 것이다. 믿어지는 것만큼 큰 복이 없다. "성령으로 아니하고는 누구든지 예수를 주시라 할 수 없느니라"(고전 12:3)라고 했듯이, 믿어지고 내 입으로 고백하는 것도 내 의지로 되는 게 아니다.

당신은 믿어져서 믿었고, 그래서 다른 사람들에게 "야, 믿기만 하면 돼"라고 이야기할지 모른다. 그러나 성경은 믿음이 모든 사람의 것이 아니라고 이야기한다.

또한 우리를 부당하고 악한 사람들에게서 건지시옵소서 하라 믿음은 모든 사람의 것이 아니니라 **살후 3:2**

믿음은 믿고 싶다고 다 믿어지는 게 아니며, 마음만 먹으면 믿어지는 것도 아니다. 아무리 믿고 싶어도 안 믿어지는 사람이 있다. 믿어진다는 것 자체가 엄청난 선택을 받은 것이다. 그러니 믿어졌다는 그 자체가 당신에게 얼마나 큰 선물이며 얼마나 영광스럽고 복된 일인지를 알아야 한다.

목회하면서 가족, 특히 부모님의 임종을 앞두고 빨리 오셔서 복음을 전해달라는 성도들의 연락을 많이 받는다. 그럼 허겁지겁 달려가 "어르신, 시간이 많지 않으니까 제가 설명드리는 것을 듣고 다 믿으면 '아멘'만 하시면 됩니다" 하고 복음을 제시한다.

"어르신, 우리는 태어날 때 하나님을 안 믿는 상태에서 태어났는데 그것을 바로 불신의 죄라고 합니다. 성경에 '죄에 대하여라 함은 그들이 나를 믿지 아니함이요'(요 16:9)라고 했으니 예수 안 믿는 죄가 제일 큰 죄인데, 안 믿다가 죽으면 하나님 없는 곳으로 가기 때문에 천국 데려가기 위해서 예수님이 직접 오셨습니다.

그래서 예수님이 어르신의 죄를 대신해서 십자가에서 죽으심으로 다 사해주셨고, 또 천국 가게 하시려고 부활하셔서 그 생명을 우리에게 주셨는데 이걸 믿기만 하면 천국 간다고 하니 어르신, 이거 믿어지십니까? 믿으시면 '아멘'만 하세요."

그러면 마지막에 예수 믿고 천국 가는 정말 복된 영혼도 있지만, 아무리 이야기해도 "내가 지금 예수 믿어 천국 가면, 지옥에 계시는 조상님들 볼 면목이 없어"라며 "아멘" 그 한마디 고백도 못 하고 눈을 감는 분도 많다.

그 마지막 순간에 한마디만 하면 운명이 지옥에서 천국으로 바뀐다고 하는데도 그게 믿어지지 않아서 그 한마디 고백을 못 하신다. 그럴 때마다 그저 내가 결정하면 믿어지는 게 아니라 믿음도 하나님의 선물이라는 것을 깊이 느끼게 된다.

그러니 당신의 믿음이 얼마나 귀한지 알아야 한다. 도대체 무슨 은혜를 입어 믿어졌냐 말이다. "믿으시겠습니까?"라는 말에 어떤 이는 목에 칼이 들어와도 안 되던데 당신은 어떻게 믿어지고, 아무렇지도 않게 "아멘"이라는 소리가 나오는가 말이다.

믿음, 그 위의 믿음

구원은 모든 사람의 것이 아니며, 하나님께서 택하신 자들에게 주시는 선물이다. 우리를 구별해서 자녀 삼기로 하시고, 하나님의 사람을 보내어 복음을 듣게 하시고, 구원의 기회를 선물로 주셨을 때 우리는 우물쭈물하지 말고 이 선물을 받아야 한다. 아무에게나 주시는 것이 아니고 하나님께서 특별히 선택하여 주시는 선물이므로 감사함으로 받아야 한다.

그렇게 예수님을 믿어서 하나님의 자녀가 되면, 그때부터 하나님은 그 자녀에게 능력을 행하신다. 그때부터 우리 인생이 아무리 태산 같은 문제를 만나도 하나님은 그 자녀의 앞에 놓인 산을 평지로 만드실 수 있다.

하나님의 자녀가 되지 않으면 하나님은 우리 속에서 일하지 않으신다. 높은 산이 아니라 아무리 낮은 산이라도, 믿지 않는 자가 만난 산은 평지로 만들지 않으신다. 그러므로 하나님께서 내 안에서 일하시기 위해 가장 먼저 이루어져야 할 것은 내가 하나님을 믿는 자녀가 되는 것, 즉 불신자가 아니라 신자가 되는 것이다.

이제 하나님이 저 멀리 계신 누군가가 아니라 내 아버지요 그 앞에 서 있는 나는 그분의 자녀가 되었다. 내가 하나님의 자녀가 되었을 때, 내 앞에 높이 솟아 하나님과 나 사이를 가로막았던 죄의 높은 산은 예수로 말미암아 무너져 평지가 되었다.

그러니 자녀가 아버지에게 구하는 것을 어찌 하나님께서 주지 않으실 것인가? 하나님께서 능력을 베푸시되 자녀에게 아끼지 않고 베풀어주신다. 아버지가 자녀를 돌보시는데 전능하신 하나님께서 그 능력을 아끼시겠는가.

또한 하나님을 아버지로 모시고 걸어가는 그 앞에 산이 9개 아니라 90개가 있다 한들 무슨 산이 높아 하나님보다 높을 것이며 무슨 문제가 커서 하나님보다 클 것인가?

이 믿음의 복을 잊어버리면 안 된다. 하나님께서 믿음의 복을 당신에게 거저 주신 그 은혜를 평생 잊지 말기를 바란다. 구원을 받았다고 끝나는 게 아니다. 이걸 계속 기억해야 구원의 감격이 사라지지 않고, 구원의 감격이 사라지지 않아야 구원이 내 안에 충만해지고, 그 사람에게 하나님께서 능력을 베푸신다.

성경은 우리에게 믿음이 견실하여 흔들리지 말라고 말씀한다. 이것은 예수 믿고 천국 가는 '구원받을 믿음'을 넘어서서 그의 평생에 그 믿음 위에 믿음으로 나오고 믿음이 쌓이니 내가 능력 베풀기를 아끼지 않겠다고 주님이 말씀하시는 것이다.

잊지 말라. 구원받을 만한 믿음도 있지만 능력 베푸실 만한 믿음도 있다. 예수님을 믿는 믿음도 있지만, 예수님을 믿고 난 뒤에 계속 주님을 신뢰하고 경외하고 주님의 능력을 믿는 그 충만한 믿음도 주님은 찾고 계신다. 하나님께서 아버지와 동행하는 자녀 앞에 가로막는 모든 산을 평지로 만들어주실 줄 믿는다.

출애굽기 20장 12-17절

12 네 부모를 공경하라 그리하면 네 하나님 여호와가 네게 준 땅에서 네 생명이 길리라 13 살인하지 말라 14 간음하지 말라 15 도둑질하지 말라 16 네 이웃에 대하여 거짓 증거하지 말라 17 네 이웃의 집을 탐내지 말라 네 이웃의 아내나 그의 남종이나 그의 여종이나 그의 소나 그의 나귀나 무릇 네 이웃의 소유를 탐내지 말라

시편 51편 10-12절

10 하나님이여 내 속에 정한 마음을 창조하시고 내 안에 정직한 영을 새롭게 하소서 11 나를 주 앞에서 쫓아내지 마시며 주의 성령을 내게서 거두지 마소서 12 주의 구원의 즐거움을 내게 회복시켜주시고 자원하는 심령을 주사 나를 붙드소서

죄의 산을 무너뜨리라

원죄와 불신의 산을 무너뜨린 이후

바로 앞 2장 〈불신의 산을 무너뜨리라〉에서 강조한 것은 '죄의 산'을 무너뜨리라는 것이었는데, 이 3장의 제목이 또 〈죄의 산을 무너뜨리라〉이다. 왜 또 '죄의 산'을 무너뜨리라는 것일까?

앞 장에서 말한 죄의 산은 원죄의 산이다. 죄인으로 태어난 우리와 하나님 사이를 가로막고 있던 원죄의 산은 우리 힘이나 능으로 도무지 무너뜨릴 수 없어서 하나님께서 우리같이 되어 인간의 몸을 입고 오셨다.

그 예수님이 하나님과 우리 사이를 가로막고 있는 높은 죄의 담을 짊어지셨다. 십자가 위의 자기 육체로 우리의 육체가 되어 대신 찢김을 당하고 우리 죄를 대속해주셔서 그 원죄의 산이 사라지고 하나님과 우리 사이는 평지가 되게 하셨다.

예수님의 그 공로를 믿는 순간 우리는 "저를 믿는 자마다 멸망치 않고 영생을 얻게"(요 3:16) 하신다는 말씀대로 죄인에서 의인이 되고,

더 나아가 "…그 이름을 믿는 자들에게는 하나님의 자녀가 되는 권세를 주셨으니"(요 1:12)라는 말씀대로 자녀가 되었다.

그렇게 예수님이 하나님과 우리 사이를 가로막는 원죄의 산을 없애주셔서 우리는 예수님을 믿음과 동시에 구원을 내 것으로 얻고 하나님의 자녀가 되었으며, 하나님 아버지는 자녀에게 마음껏 능력을 행하신다는 것이 2장의 요약이다.

그런데 원죄의 산을 무너뜨려서 우리가 하나님의 자녀가 되었는데도 여전히 하나님께 나아가고 신앙이 자라는 데 방해가 되는 것이 있다. 그리스도인이라는 이름은 있지만 패배자처럼 살게 만드는 범인이 바로 우리가 매일 삶에서 짓는 죄들이다.

태어날 때부터 나도 모르게 아담의 죄로 죄인으로 태어난 게 아니라 살면서 나 스스로 짓게 되는 죄, 이것을 자범죄(自犯罪)라고 한다. 영어로 보면 원죄는 대문자 단수 'The Sin'이고, 자범죄는 소문자 복수 'sins'다. 이 장에서 이야기할 산은 성도들이 삶에서 짓고 사는 자범죄의 산들이다.

우리는 예수님을 믿은 후에도 여전히 죄를 짓는데 이런 죄들 때문에 우리 삶에 가시와 엉겅퀴가 생기고 마음밭이 돌짝밭, 가시밭이 되어간다. 구원이 어찌 취소되고 하나님께서 우리를 버리실 수 있겠는가마는, 날마다 죄를 지음으로 점차 구원을 받았다고 하기에 무색하고 믿지 않는 자와 별반 다를 바 없을 만큼 하나님과 점점 멀어지는 사람들이 있다.

예수 그리스도께서 십자가로 값 주고 우리에게 선물로 주신 이 어마어마한 구원을 받았다면 구원받은 자답게 살아야 하고 주님 앞에 가는 날까지 사는 날 동안 두렵고 떨림으로 구원을 이루어가야 한다. 하나님의 자녀가 되어서 사는 날 동안 죄를 짓지 않고 구원을 이루어가는 것은 우리의 몫이다.

구원을 받아 주의 자녀가 되었어도 '이제 구원받았으니까 됐다' 안심하고 인생을 자기 맘대로 살면서, 치워버려야 할 죄들을 그냥 짓다 보면 그 자범죄가 원죄는 아닐지라도 그와 그다지 다를 바 없이 하나님의 능력이 조금도 나타나지 않는다.

전쟁에는 이기고 전투에서 지다

2001년, 9.11 테러를 당한 미국은 테러 조직 알카에다와의 전쟁을 선포하고 오사마 빈 라덴을 잡기 위해 아프가니스탄과 전쟁을 벌였다.

사실 전 국토가 난공불락의 요새와도 같은 아프가니스탄의 지형 때문에 러시아, 독일을 비롯해 역대로 아프가니스탄을 점령한 나라가 없다. 그래서 국제적으로 '아무리 미국이라도 쉽게 점령하지 못할 것'이라고 예견하는 시각이 대다수였다.

그런데 미국은 미국이었다. 전쟁을 시작하고 불과 2개월 7일 만에 카불을 점령하고 정권이 바뀌었다. 전쟁에서 승리한 것이다. 세계가 깜짝 놀랐다. 그러나 문제는 그때부터였다. 그렇게 전쟁에서는 승리했으나 그때부터 지루한 전투가 시작되었다.

이 테러 집단들이 전국적으로 숨어 있는데, 요새에 숨어든 그들을 찾아내어 죽이거나 포로로 잡을 방법이 없었다. 전쟁의 승리가 무색할 정도로 국지적 전투에서 패배하면서 미군은 많은 사상자를 냈고, 전쟁은 장기화되었다.

두 달 만에 승리한 전쟁이 20년이나 이어지면서 결국 미국이 벌인 전쟁 중에 가장 길었던 전쟁이라는 오명을 낳고, 20년 만에 탈레반에게 정부를 빼앗기고 2021년에 철수하게 되었다. 이러한 미국과 아프가니스탄의 전쟁을 사람들은 이렇게 표현했다.

"미국이 아프가니스탄과의 전쟁(war)에서는 승리했지만, 전투(combat)에서는 패배했다."

마귀가 우리를 자기 백성인 것처럼 불법으로 점령하여 우리가 사망 권세에 눌려 있을 때 예수 그리스도께서 십자가에서 우리를 위해 대신 죽어주심으로 사망 권세를 깨고 승리하셨다. 예수님은 우리에게 "세상에서 너희가 환란을 당하나 담대하라 내가 세상을 이기었노라"(요 16:33)라고 말씀하셨고, 우리 앞에서 원죄의 산이 무너지고 우리는 승리의 백성이 되었다.

그런데 그 큰 승리의 주인공인 우리가 구원 이후 평생 주인공으로서 싸워나가야 하는 전투(combat)에서는 매일 지고 있다는 슬픈 사실을 아는가. 원죄는 이겼으나 매일 짓는 자범죄에 넘어져, 전쟁에서 승리하고도 전투에서는 패배하고 있는 성도가 얼마나 많은지 모른다.

마귀는 우리를 이기지 못하고 그리스도로부터 완력으로 빼앗아가지는 못하더라도, 우리가 그리스도와 멀어지도록 우리를 죄로 유혹하여 넘어지게 하고, 죄짓도록 소개하고 기회를 주고 담력을 주면서 그 죄의 틈으로 우리를 삼키려고 침을 흘리며 우는 사자처럼 다니고 있다.

사람은 큰 산이나 큰 바위에 걸려 넘어지지 않는다. 아무것도 아니라고 생각했던 내 앞의 작은 돌부리에 걸려 넘어진다. 마귀의 유혹인 줄도 모르고 그것이 그리스도와 우리를 멀어지게 만드는 것인 줄도 모른 채 자범죄를 매일매일 짓다가, 집 나간 탕자가 영영 돌아오지 않는 것처럼 우리도 그리스도와 멀어진 줄도 모르고 살아가고 있지는 않는가?

선물 받은 자의 책임

몇 년 전, 꼭 운동하라는 선배 목사님의 권면을 듣고서 틈틈이라도 타보려고 작은 접이식 자전거를 구입하고 새벽예배를 마치면 한 시간 정도 한강에서 자전거를 탔다. 그 이야기를 듣고 우리 교회 부교역자들이 내 생일에 고글을 선물해주었다. 그것을 끼고 자전거를 타는데 정말 좋은 고글이었고 너무 고마웠다.

그런데 어느 날, 자전거를 타고 가다가 힘들어서 벤치에서 한 5분

정도 쉬었는데 다시 달리던 중에 뭔가 눈이 시원하더니 머리가 쭈뼛섰다. 아차, 그 고글을 두고 온 것이다!

사람들이 많이 왕래하는 곳이어서 틀림없이 누가 가져갔을 거라 예상되었고 다음 일정까지 시간도 촉박해서 내가 내 돈 주고 산 거였으면 포기했을 텐데 선물 받은 것이라 그럴 수 없었다.

바로 핸들을 돌려서 달리는데 가는 내내 선물 받을 때 한 부목사님이 한 말, "이거 현재 나오는 고글 중에 끝판왕입니다"라는 말이 "끝판왕입니다우다우다…" 하면서 두 귀에 쟁쟁 울렸다.

'나 잃어버리면 큰일 난다, 잃어버리면 큰일 난다' 하면서 그 10분을 정말 빛의 속도로 달려갔다. 누가 옆에서 시간을 쟀으면 거의 선수급으로 나오지 않았을까 싶다. 도착해보니 세상에, 고글이 거기에 그대로 남아 있었다. 얼마나 눈물 나게 고맙던지, 그걸 끼고 오는데 세상에 욕심이 하나도 없고, 구름 위를 걷는 듯 정말 기분 좋게 다음 목적지로 향할 수 있었다.

선물 받은 자의 책임은 그 선물이 얼마나 귀한 것인 줄 알아 잘 사용하는 것이다. 받은 사람이 귀하게 여기고 잘 쓸 때 선물의 가치가 살아나고 준 사람도 행복하다.

구원을 공짜 선물로 받았다고 해서 주신 분도 공짜로 얻은 것을 주셨다고 생각하면 안 된다. 선물이란 받는 이는 공짜로 받지만 주는 이는 고르고 또 골라서 주는 법이다. 공짜로 받았다 하나 이 구원이 얼마나 비싼 대가를 치르고 주어진 것인가.

하나님께서 주신 구원은 세상에서 제일 비싼 선물이고 선물 중의 '끝판왕'이다! 예수님이 십자가 위에서 어떤 대가를 지불하고 우리에게 주신 구원인데, 우리가 어떻게 받은 구원인데 이 큰 구원을 등한히 여기고 함부로 살 수 있는가.

자기 육체를 십자가에서 찢으면서까지 그 선물을 위해서 생명을 내어주셨는데 그 거룩하고 큰 구원을 어찌 등한시하며 살아갈 수 있는가? 그것을 아는 자라면 구원 이후에 아무 일도 없었다는 듯이 자기 하고 싶은 대로 막 살 수 없다.

성도의 마땅한 책임은 하나님 앞에 그 구원이 폄훼되지 않기 위해서 그 구원의 선물이 선물 되게 하는 것, 두렵고 떨림으로 그 구원을 이루어가는 것 아니겠는가.

내 인생에서 가장 소중한 것으로 알아 귀히 여기고, 그 구원을 삶에 잘 녹여내고, 삶을 통해 그 선물이 얼마나 귀한 것인가를 보여주어야 선물이 선물 된다. 구원받은 자답게, 하나님의 자녀답게, 예수님의 형상에 이르도록 거룩을 향해 계속 몸부림치며 자라가야 할 것이다.

우리가 이같이 큰 구원을 등한히 여기면 어찌 그 보응을 피하리요 …

히 2:3

십계명

성경에서 원죄의 산과 자범죄의 산을 정확하게 집약해놓은 곳이 있다. 바로 십계명이다. 십계명은 하나님과 우리 사이의 원죄 문제를 1-4계명에서 해결하고, 그렇게 해결받은 사람이 5-10계명을 지키면서 자범죄에 빠지지 않게 하는 위대한 계명이다.

1계명에서 4계명까지는 대신(對神) 관계, 즉 하나님과의 관계로서, 우리와 하나님 사이를 가로막고 있던 원죄가 하나님을 믿고 경외함으로 사라지는 내용이다.

"나 외에 다른 신을 네게 두지 말라", "우상 앞에 절하지 말라", "하나님의 이름을 망령되게 부르지 말라", "안식일을 거룩히 지키라" 이 네 계명을 지킴으로 우리는 우상 앞에 절하지 않고 하나님만을 믿는 존재가 된다.

원죄의 산을 무너뜨리려면 1-4계명이 필수이고, 이렇게 하나님을 믿어 원죄의 산을 무너뜨리고 구원을 받았다면 구원받은 증거가 5-10계명의 삶에서 나타나야 한다. 이 여섯 계명은 대인(對人) 관계로서, 구원받은 사람이 하나님과의 관계가 회복된 자로서 어떻게 살고, 어떤 죄를 짓지 말아야 하는지를 설명한다.

"네 부모를 공경하라", "살인하지 말라", "간음하지 말라", "도둑질하지 말라", "거짓말하지 말라", "네 이웃의 소유를 탐내지 말라"라는 이들 계명은 원죄가 아니라 자범죄에 해당된다.

자범죄는 우리가 아무리 구원을 받은 하나님의 자녀가 되었다고 해도, 하나님께로 나아가는 것을 가로막고 우리를 하나님과 멀어지게 만든다. 십계명은 이들 계명을 지킴으로 자범죄에 빠지지 않고 구원받은 자답게 살아가는 것을 가르쳐주는 위대한 계명이다.

그렇다면 이 여섯 계명만 어기지 않으면 되는 걸까? 그렇지 않다. 이 계명들은 자범죄의 전부가 아니라 인간이 짓는 모든 죄의 대표선수들이다. 그래서 곧이곧대로 그것만 지키는 것이 아니라 그것에서 파생되는 것도 지켜야 하는 것이다. 예를 들어보자.

5계명 : 네 부모를 공경하라

이 말은 부모님만 공경하라는 것이 아니다. 여기서 '부모'는 가족을 대표하는 말이다. 하나님의 자녀가 되었다면 그 구원의 증거가 가정에서 가장 먼저 나타나야 한다는 것이다. 구원받은 사람이 가족을 잘 돌볼 때 하나님의 능력이 그 가정에 나타난다.

배우자에게 함부로 하고 자녀를 내 맘대로 휘두르면서 부모님만 공경하는 게 아니라 위로는 부모를 공경하고, 부부간에는 서로 사랑하며 존경하고, 아래로는 자녀를 욕심으로 키우지 말고 하나님의 말씀으로 가르치는 등 가족을 어떻게 돌볼지, 어떻게 이 구원이 가족 안에서 증거로 나타나는지 그 모든 것을 집약한 말이다.

6계명 : 살인하지 말라

육체를 살인하는 것은 살인의 대표선수다. 이 계명은 칼을 들고 사람을 죽이지 않는 데서 끝나는 것이 아니다. 우리는 예수님이 산상설교에서 말씀하셨듯 마음으로도 살인하지 말고, 하나님의 형상으로 지음 받은 모든 생명을 귀하게 여기며 살아야 한다.

7계명 : 간음하지 말라

육체의 간음뿐 아니라 마음의 간음, 마음으로 품은 음욕, 성적인 모든 범죄에 해당한다. 예수님은 간음에는 육체적인 것도 있지만 마음의 간음도 있고 상대방을 음욕의 대상으로 품는 것도 간음이라고 말씀하셨다. 그러니 육체적으로 간음하지 않은 것만으로 안심하고 남을 비난할 것이 아니라 마음속에 음욕을 품은 것부터 모두 간음이라고 확장해서 이해해야 한다.

8계명 : 도둑질하지 말라

물질을 훔치는 것은 물론이고 남이 수고한 공로를 내게 돌리는 것, 남이 받아야 할 칭찬을 가로채어 내가 칭찬을 받는 것, 남이 쓴 책이나 작품을 내가 쓴 것처럼 마음대로 옮겨 쓰는 등 지적 재산을 훔치는 것도 도둑질이다. 도둑질에도 종류와 형태는 참 많이 있다.

9계명 : 거짓말하지 말라

사람들에게 하루에 몇 번 거짓말을 하느냐고 물어보면 대부분은 한두 번이라고 이야기하고, 꽤 많은 사람이 한 번도 하지 않는다고 말한다고 한다.

1997년 미국 캘리포니아대학(USC)에서 사람이 하루에 몇 번 거짓말하는지 실험을 했다. 대상자 20명의 몸에 소형마이크를 부착하고 하루 동안 생활하게 한 다음 그 녹음된 것을 분석했더니 하루에 약 200번, 평균 8분에 한 번씩 거짓말하더라는 것이다.

그중에는 좋은 뜻으로 한 것도 있겠지만, 중요한 것은 사람은 거짓말하는 존재라는 것이다. 나는 절대로 거짓말을 안 한다고 하는 그 자체가 가장 큰 거짓말이니 늘 경계하고 살아야 할 것이다.

10계명 : 네 이웃의 소유를 탐내지 말라

십계명을 보다가 '8계명에 도둑질하지 말라고 했는데 왜 10계명에 다시 이웃의 집이나 아내나 종이나 소유를 탐내지 말라고 했을까? 왜 비슷한 얘기를 다시 했을까?'라고 궁금했던 적은 없는가? 그런데 이 계명은 도둑질하지 말라는 계명과 완전히 다르며, 십계명이 위대한 것은 바로 이 계명 때문이다.

5계명부터 9계명까지 도둑질, 살인, 간음, 거짓말 등은 행위를 말한다. 그런데 "탐내지 말라"라는 열 번째는 유일하게, 행위를 말하는 게 아니라 마음에 있는 것을 이야기한다. 사람의 모든 죄는 탐심, 즉 욕심 때문에 짓는 것이기 때문이다. 성경도 탐심을 경계하고 있다.

오직 각 사람이 시험을 받는 것은 자기 욕심에 끌려 미혹됨이니 욕심이

잉태한즉 죄를 낳고 죄가 장성한즉 사망을 낳느니라 **약 1:14,15**

탐심이 있은즉 죄를 낳고 죄가 커지면 바로 사망을 낳게 된다. 인간의 모든 죄는 열 번째 계명을 어길 때 나온다. 이 죄의 공장이 열려 있으면 천 가지, 만 가지 죄를 짓게 되는데 그렇다고 해서 그 죄를 다 열거해 천 계명, 만 계명을 만들 수는 없잖은가. 그래서 열 번째 계명은 모든 죄를 만들어내는 공장인 탐심, 욕심을 금하는 것이다.

5-9계명까지 지켰다고 안심할 수 없다. 마음에 탐심이 있으면 수만 가지 죄를 만들어낼 테니 마지막 열 번째는 우리 마음에 있는 탐심의 공장을 막으라는 말씀이다. 이렇듯 십계명은 우리의 모든 것을 다 알고 있는 완벽하고도 위대한 계명이다.

십자가로 나아가면 먼지 같은 죄도 보인다

이렇게 원죄의 산이 없어지게 하고 자범죄를 짓지 않고 살아야 하지만, 십계명에 기록된 것뿐만 아니라 거기서 파생되는 것까지 생각하면, 연약한 존재인 인간은 죄를 안 지을 수가 없다. 우리 중 누가 죄 안 짓고, 죄에 한 번도 넘어지지 않고 살 수 있단 말인가. 그러나 이런 자범죄에 넘어지더라도, 이 십계명을 지키기 위해 끝까지 포기하지 말고 죄와 싸워야 한다.

구원받고 원죄의 산이 무너진 그리스도인이 살면서 무슨 얼마나 대단한 죄를 짓겠는가. 십계명의 살인을 한 적도 없고 도둑질, 성범죄를 저지르는 사람도 극히 드물 것이다. 그러나 그런 큰 죄가 아니고 소소해서 별것 아니라고 생각하는 죄라도 매일매일 지으며 살아가다 보면 쌓인다.

먼지도 쌓일 때마다 닦아야지, 먼지 같은 죄라고 '이 정도 죄를 안 짓는 사람이 어딨냐. 이 정도도 안 지으면 사람이 어떻게 사냐'라며 회개하지 않고 방치하면 먼지도 쌓여 돌멩이가 되고 돌멩이도 모이면 바위가 되고 바위 몇 개가 모이면 태산이 된다.

자기가 별로 죄를 안 짓고 산다고 생각하는 사람은 사실 죄를 짓지 않아서가 아니라 십자가와 멀어졌기 때문이다. 십자가 위에서 주님이 영광의 빛으로 비추시는데 십자가와 멀어지면 그 빛이 희미하게 비추어 죄가 잘 안 보이고 자기가 괜찮아 보인다.

그러나 십자가 앞으로 더 가까이 나가는 사람은, 환한 수술등 아래 수술대에서 작은 것까지 너무나 잘 보이듯이, 예전에는 죄로 보이지 않았던 내 죄가 잘 보이게 되면서 내가 죄가 없었던 게 아니라 안 보였을 뿐이었다는 것을 깨닫게 된다.

십자가와 자꾸 멀어지는 사람은 자기가 의인인 줄 알고, 십자가 가까이 나오면 자기가 죄인인 줄로 깨달아 옛날에는 돌멩이 정도는 되어야 보였던 죄가 이제는 먼지 같은 죄도 보여서 그 먼지가 쌓이기 전에 주님 앞에 회개한다.

그러니 십자가 앞에서 울고 있는 사람을 보고 '무슨 죄가 그렇게 많아서 저렇게 십자가 앞에서 우냐' 하고 오해하지 말라. 똑같은 죄인데 십자가 가까이 나와서 보니 남들은 못 보는 죄가 자기에게 보여서 그 먼지 같은 죄도 회개하며 정결하게 해달라고 간절히 기도하는 것이다.

아무리 원죄의 산을 무너뜨리고 그 평지를 옥토로 만들었다고 해도, 그 땅을 계속 다듬고 가꾸지 않으면 그 옥토 밭에도 가시나무와 죄의 잡초들이 무성하게 자라고 돌부리가 솟아나 쓸모없는 땅이 되고 만다. 내 앞에 솟은 자범죄의 산들을 깎아내고 그 땅을 옥토로 가꾸고 다듬어야 내 삶에 하나님께서 자유롭게 역사하실 수 있다.

원죄가 가로막지 않아도 자범죄가 가로막고 있다면 깨끗하지 못한 그릇이기에 하나님께서 우리를 사용하고 싶으셔도 사용하실 수가 없다. 그러나 먼지 같고 실낱같은 죄라도 하찮게 여기지 않고 회개한다면, 하나님은 그 사람을 계속해서 사용하실 것이다.

자범죄의 산들

십계명의 5-9계명이 자범죄의 전부가 아니고 대표선수인 것처럼 이 시대의 성도에게 하나님과 나 사이를 막아 옛사람으로 돌아가게 하고 변하지 않는 모습으로 쳇바퀴를 돌게 만드는 것들을 몇 가지 살펴보도록 하자.

술담배

숨겨놓고 마시는 술 한 잔이 하나님과 멀어지게 만든다. 오늘 당장 술과 한번 싸워보자. 집에 귀하게 모셔둔 온갖 술들, "얼마나 아까운데요. 이게 얼마나 귀한데요" 그런 소리 하지 말고 다 끊고 없애기를 바란다. 뭐가 귀하겠는가? 그 산부터 다 무너뜨려야 한다.

누군가는 담배 정도는 예수 믿고 신앙생활하는 데 별거 아니라고 생각하고, 신앙에 크게 방해받지 않을지도 모른다. 이 모양 저 모양이 있겠으나 한번 생각해보라. 누군가에게는 그 담배 한 개밖에 안 된다고 하는데 절대로 그 한 개가 아닌 사람이 있다.

누군가에게는 담배 한 대 피운 것이 지금까지 쌓은 믿음을 제자리로 돌려놓는 장애물이 된다. 그까짓 거 가지고 왜 그렇게 고통스러워하느냐고 할지도 모르지만, 그에게 담배는 신앙을 자꾸 옛사람으로 돌아가게 하고 자라던 믿음을 주저앉히는 주범이다.

참다가 참다가 몇 달 만에 다시 꺼낸 담배 한 대 피우고, 그 나머지 담배를 거머쥐고서 비통한 마음으로 또 무너진 믿음과 마음 때문에 괴로워하고, 하나님께 나아갈 담력을 잃어버리는 사람들이 있다. 그 사람에게는 피 흘리기까지 싸워 그 산이 무너져야 하나님의 능력이 나타날 것이다.

야동(음란물)

누군가는 야동 한 편 때문에 지금까지 자라던 믿음이 제자리로, 아니, 그의 신앙이 다 블랙홀처럼 빨려 들어간다. 특히 야동 문제는 술 담배나 다른 어떤 것보다 더 심각한 범죄다. 내가 야동을 본다는 것은 누군가가 그 야동을 만들어야 한다는 뜻이다. 야동을 만들기 위해 누군가는 엄청난 피해를 입어야 하니 내가 그 범죄에 가담하는 것이다.

한 편을 보고 난 뒤에 괴로워 견딜 수 없어 하고 자기 자신을 용서하지 못하는 사람들이 있다. 그러나 괴로워하는 정도가 아니라 이 문제는 정말 생명을 걸고 반드시 끊어내야 하는 범죄다. 피 흘리기까지 싸워 이기고 기필코 그 산을 무너뜨려야 한다.

지금 '아, 보지 말아야지' 결심을 했더라도 야동이 컴퓨터 안에 들어있다면 당장 없애버려라. 넣어두고 뭘 안 본단 말인가. 야구 동영상 외에는 어떤 야동도 보지 말라.

나를 얽어매는 모든 것

이민교회에서 목회할 때 가톨릭 신자였다가 예수님을 믿고 교회에 나온 권사님이 있었다. 이 댁에 심방을 가보면 믿음은 다 옮겨졌는데 벽난로 위에 올려놓은 성모 마리아상만큼은 치우지 못하고 있었다. 치우기로 약속했는데 다음에 가도 그대로 있었다.

물어보니 왠지 겁이 나서 치우기가 쉽지 않다는 것이다. 그래서 저만 믿으시라고, 아무 걱정도 하지 마시라 하고는 다 치워드렸다. 물론 그후 아무 일도 없었다.

달마도라든가 희한한 호랑이 그림 같은 것이 집에 걸려 있는데 예수 믿으면서도 왠지 두려워 도저히 떼지 못하고 있는가? 목회자는 뒀다 뭐 하는가? 목사님에게 부탁드려서 그 분이 가서 싹 가지고 오면 된다. 염려하지 말라. 마귀가 화를 내도 가져간 사람에게 내지 절대로 뺏긴 사람에게는 못 한다. 그리고 마귀가 하나님의 자녀에게 무슨 벌을 내린단 말인가.

잘 참고 이기던 도박, 딱 한 번만 하겠다고 다시 시작한 그것이 나의 발목을 잡아 벗어나지 못하게 하고, 완전히 끊었다고 생각했던 마약인데 이번이 마지막이라고 다짐하고 다시 손대는 순간 꽁꽁 묶여 벗어나지 못하게 된다.

쇼핑 중독으로 입지도 않고 쓰지도 않으면서 집에 첩첩이 쌓아둔 물품들도 다 하나님과 우리 사이를 가로막는 것이다. 나의 마음을 빼앗는 것들은 비록 눈에 보이는 살인만큼 엄청난 죄는 아니더라도 그 하나하나가 다 먼지같이 쌓이고 쌓여 하나님과 멀어지게 만든다. 그 결과, 구원받았으되 구원받지 않은 것과 별 차이 없이, 하나님의 능력이 도저히 나타날 수 없는 버려진 자식처럼 살아가는 사람이 얼마나 많은지 모른다.

산을 무너뜨리고 믿음을 다시 시작해야지 왜 묶여 사는가. 그 하나에 우리 믿음의 시간이 얼마나 아깝게 흘러가고 있는데 과거에, 그 하나에 묶여서 제자리걸음을 하고 있는가. 우리를 하나님께 나아가지 못하게 하는 장애물들의 산들을 무너뜨려야 한다.

죄와 피 흘리기까지 싸워라

죄에 넘어지는 것보다 더 나쁜 것이 죄와의 싸움을 포기하는 것이다. 성경은 이것을 죄를 짓느냐 안 짓느냐보다 훨씬 심각하게 다룬다.

너희가 죄와 싸우되 아직 피 흘리기까지는 대항하지 아니하고 히 12:4

여기서 피 흘린다는 말은 피 몇 방울 흐르거나 코피 조금 나는 정도가 아니라 생명과 바꿀 정도로 죄와 치열하게 싸우는 것을 뜻한다. 죄와 싸우는 싸움은 피를 흘리면서도 끝까지 싸워야 한다는 것이다.

주님은 "네가 이겼느냐, 졌느냐"가 아니라 "싸우고 있느냐"를 물으신다. 나중에 우리가 주님 앞에 서게 될 때 예수님은 "너는 살면서 몇 개의 죄를 짓고 죄에 몇 번 넘어졌느냐"라고 묻지 않으실 것이다. 그러나 "너는 죄와 얼마나 싸웠느냐"라고 반드시 물으실 것이다. 네가 무슨 죄를 지었든 그 죄를 용납하지 않고 싸우는 노력을 얼마나 했느냐고 반드시 물으실 것이다.

잘 참고 성품을 다스리다가도 갑자기 터진 분노로 고함지르고 나서 믿음이 제자리로 돌아간 것 같고 괴로워 어쩔 줄 모르는 사람이 있다. 그 분노의 화살을 맞은 사람들도 상처받았지만, 아마 '이 분노가 또 나왔구나' 하고 자기 자신이 가장 괴로울 것이다.

하지만 자기와 타협하지 말라. '누구, 뭐 화 안 내는 사람 있어?' 하며 자기에게 관대하지 말라. 평생 살면서 화 안 내는 사람 없고 누구든 분노할 수 있지만, 성경 말씀대로라면 화는 내더라도, 괴로워하고 싸우고 이기려고 몸부림쳐야 한다.

천국 앞에 섰을 때 주님은 우리에게 "너는 담배를 끊었느냐 안 끊었느냐"라고 묻거나 "너는 집사가 돼서 담배 하나 못 끊고 왔냐"라고 책망하지 않으신다. 그러나 이것은 반드시 물으실 것이다. "그 문제를 가지고 너는 얼마나 싸웠느냐? 남들은 몰라도 네가 그 문제를 괴로워하지 않았느냐"라고.

우리가 죄를 안 지을 수는 없지만, 죄를 몇 번 짓다가 죄 앞에 무릎 꿇고 '나는 이 죄는 이길 수 없어' 하고 쉽게 포기하고 받아들여선 안 된다. 죄를 이기려고 대충 몇 번 싸워보다가 '죄 안 짓고 사는 사람이 어디 있어?' 하면서 자기를 합리화하지 말라.

그 죄를 이길 때까지 피를 흘리는 싸움을 계속해야 한다. 실패해도 괜찮다. 주님은 성공과 실패보다는 계속 싸우는가를 보신다. 이 산은 내가 어떻게든, 내 생명 다하더라도 무너뜨리고야 말리라는 그 싸움을 주님은 보고 응원하시고 이기도록 힘주신다.

죄로 하나님의 손이 떠나심을 두려워하라

다윗의 이야기로 이 장을 마무리하자. 구원받고 하나님의 은혜로 택함을 받아 이스라엘 왕이 되기까지 하나님의 능력의 손이 거두어진 적이 한 번도 없었던 다윗. 하나님밖에 몰랐던 그가 죄를 범하고 말았다. 부하의 아내를 취하여 성폭행을 한 것이다.

범죄는 그 하나로 끝나지 않았다. 수습하기 위해 그 부하인 우리야의 살인을 교사하고, 거기에 사람들을 속인 거짓말까지 그는 십계명의 세 가지 계명을 범하고 만다. 또한 그 죄들은 하나님의 이름을 망령되게 했으므로 그 즉시 1-4계명도 어긴 것이다.

완전범죄인 줄 알고 살아가던 그에게 하나님께서 나단 선지자를 보내어 그의 완벽한 범죄를 드러내신다. 사실 다윗이 왕인데 선지자쯤이 무서웠겠는가. 나단마저 몰래 죽이고 침묵하여 죄 없는 척 살아갈 수 있었지만, 그 순간 다윗은 자기의 죄가 자기 안에 있던 성령이 떠나시게 하는 것임을 알았다.

하나님께서 나를 구원하여 왕의 자리까지 세우셨다고 해도, 그분의 능력의 손이 나를 떠나면 나는 아무것도 아니라는 것을 잘 알고 있던 다윗은 광야에서도, 동굴 속에서도, 블레셋에 망명해있을 때도 한 번도 자기를 떠나지 않았던 하나님의 손이 이제 그 죄 때문에 자기를 떠나시게 하는 것을 알았다.

그는 선왕 사울을 통해서 성령이 떠나버린 사람의 비참함을 똑똑히 보았기 때문에 자기의 죄가 드러나는 것보다 하나님의 손이 그에게서 떠나버리는 게 더 무서웠다. 그래서 그 자리에서 엎드려 통곡한다. 그렇게 자기 죄를 낱낱이 고하면서 회개하고, 하나님께 나를 떠나지 말아달라고 간절히 기도한 그 심정을 담은 노래가 시편 51편이다.

우슬초로 나를 정결하게 하소서 내가 정하리이다

나의 죄를 씻어주소서 내가 눈보다 희리이다

… 주의 얼굴을 내 죄에서 돌이키시고

내 모든 죄악을 지워주소서

하나님이여 내 속에 정한 마음을 창조하시고

내 안에 정직한 영을 새롭게 하소서

나를 주 앞에서 쫓아내지 마시며

주의 성령을 내게서 거두지 마소서 시 51:7, 9-11

다윗은 원죄가 사라진 구원에 만족한 것이 아니라, 자기와 하나님 사이를 가로막는 자범죄가 얼마나 흉악하고 위험한지를 알았기 때문에, 죄를 숨기지 않고 하나님 앞에 통곡하며 자백하고 돌이켜 다시는 그와 같은 죄를 짓지 않았다.

우리에게는 이 노래가 필요하다. 하나님 앞에 내가 날마다 짓는 죄를 회개하고, 하나님께 나아가는 것을 방해하는 거친 돌들을 골라내고, 나쁜 습관, 쉽게 짓는 죄, 반복해서 빠지는 죄들과 피 흘리기까지 싸우면서 마침내 이겨야 할 것이다. 오늘 하나님과 우리 사이에 가로막는 모든 자범죄의 산이 무너지는 복이 있기를 예수님의 이름으로 축원한다.

야고보서 1장 6-8절

6 오직 믿음으로 구하고 조금도 의심하지 말라 의심하는 자는 마치 바람에 밀려 요동하는 바다 물결 같으니 7 이런 사람은 무엇이든지 주께 얻기를 생각하지 말라 8 두 마음을 품어 모든 일에 정함이 없는 자로다

4
의심의 산을 무너뜨리라

하나님과 나 사이를 가로막은 의심의 산

우리는 주님께로 나아가는 것과 하나님의 능력이 우리에게 나타나는 것을 방해하는 산들을 알아보고 그것을 무너뜨리려고 한다. 이 장에서 무너뜨리고자 하는 세 번째 산은 의심의 산이다.

이 의심의 산에는 하나님과 나 사이를 가로막은 의심, 사람들과 나 사이를 가로막은 의심, 그리고 나와 나 사이를 가로막은 의심의 세 가지 산이 있다.

선악과 앞에서 시작된 의심

아담과 하와가 하나님의 말씀에 불순종했을 때 하나님과 관계가 끊어진 것을 원죄라고 했는데 이 원죄가 시작된 곳이 '의심'이었다. 그 의심은 하나님의 말씀에 대한 의심이었다.

하나님의 말씀을 의심하면서, 하나님의 약속을 의심하면서, 하나님께서 명하신 명령이 의심되면서부터 죄가 들어오기 시작했다. 물론 그 의심의 씨앗을 뿌린 자는 마귀다.

하나님께서 동산 중앙에 있는 선악과를 먹지 말라고 말씀하시며, 먹으면 너와 나의 관계가 끊어져 죽는다고 하셨다. 선악과를 따먹지 않는 이상 생명나무 열매를 따먹을 수 있었다. 하나님의 말씀만 순종하면 영생하는 길이 보장되었다는 뜻이다. 그런데 어느 날 뱀(마귀)이 찾아와 하와의 마음에 의심을 심어준다.

"선악과 따먹으면 정말 죽는다고 하나님께서 말씀하셨어?"

하나님은 선악과를 따먹는 날에는 정녕 죽을 것이니 따먹지 말라고 하셨는데 마귀가 와서 당연한 걸 물어보니 하와가 당황하면서 정말 죽는다고 했는지 죽을 수도 있다고 했는지 갑자기 막 헷갈리기 시작한다.

"너희가 죽을까 하노라 하신 것 같아…."

그러자 뱀이 하와에게 이렇게 말하며 의심을 넣기 시작한다.

… 너희가 결코 죽지 아니하리라 너희가 그것을 먹는 날에는 너희 눈이 밝아져 하나님과 같이 되어 선악을 알 줄 하나님이 아심이니라 **창 3:4,5**

하나님에 대해서 한 번도 해보지 않은 생각을 마구 넣어준다.

"아니야, 안 죽어. 하나님 말 다 믿지 마. 너희가 그 과일을 먹어도 안 죽고 오히려 하나님처럼 된다. 하나님께서 너희가 잘되는 꼴을 못 보기 때문에 그분처럼 되는 걸 싫어해서 못 먹게 하는 거야. 속지 말고 지금 당장 먹어서 하나님처럼 돼라."

하나님의 말씀이 전혀 의심스럽지 않았는데 마귀의 말에 흔들리기 시작하면서 의심이 한번 들어오고 나니까 견딜 수가 없어졌다. 이제는 하나님 말이 진짜인지 마귀 말이 진짜인지도 모르겠고, 이 말도 못 믿겠고 저 말도 못 믿겠다가 점점 '하나님처럼 된다고?' 하며 마귀 말이 들리기 시작한다.

'하나님처럼 되면 좋은 거잖아. 왜 하나님은 사랑하는 척하면서 하나님처럼 되는 건 또 싫어하시지? 하나님께서 나를 사랑하신다면 나도 하나님처럼 되게 해주셔야 하는 거 아냐? 왜 다 주지 않고 선악과는 빼고 주시는 거지? 하나님한테 속고 있는 거 아닐까?'

마귀가 하나님처럼 되라고 부추긴 이유

마귀는 왜 아담과 하와를 찾아와서 굳이 선악과를 먹고 하나님처럼 되라고 했을까? 마귀가 아담과 하와를 사랑해서 하나님처럼 되라고 한 것일까? 절대 아니다. 하나님처럼 되려고 하면 얼마나 비참한 벌을 받는지 마귀가 가장 잘 안다. 자기가 바로 그 장본인이기 때문이다.

마귀는 천사 중 가장 높은 자리에서 하나님을 찬양하고 수종 들고 있었는데, 교만해져서 하나님처럼 되려고 천사들을 모아 반역을 일으켜 하나님을 대적했다. 그 결과로 천사의 지위를 상실하고 이 땅에 내쫓겨 비참한 존재가 되었고, 천국에서 쫓겨나 지옥의 무저갱에 갇히는 운명이 되었다.

그래서 하나님처럼 되려고 하는 게 얼마나 무서운지를 잘 아는 마귀는 아담과 하와가 하나님께 자기와 똑같은 벌을 받아 에덴동산에서 쫓겨나고 지옥 가게 하려고 그들에게 하나님처럼 되라고 유혹하는 것이다. 마귀가 이토록 악한 존재다.

그럼에도 하와의 마음에 마귀가 뿌려놓은 의심은 똬리를 틀고 뿌리를 내리기 시작했다. 한번 들어온 생각은 꼬리에 꼬리를 물고 의심의 의심을 낳게 되고, 나중에는 그 의심을 행동으로 옮기게 된다. 의심은 방치해두면 점점 커지고, 계속 커진 의심은 내가 이기지 못해 나도 모르는 순간 손발로 실천하게 된다.

'날 사랑하는데 왜 하나님처럼 되지 말라고 하는 걸까. 혹시 멋진 신세계가 기다리고 있을지도 모르잖아. 이참에 나도 선악과를 따먹고 하나님처럼 되어볼까? 하나님을 섬기지 말고, 내가 하나님이 되면 어떨까.'

여자가 그 나무를 본즉 먹음직도 하고 보암직도 하고 지혜롭게 할 만큼 탐스럽기도 한 나무인지라 여자가 그 열매를 따먹고 자기와 함께 있는 남편에게도 주매 그도 먹은지라 **창 3:6**

결국은 의심이 현실이 되어버리고 영원히 돌이킬 수 없는 죄에 빠지고 말았다. 의심이 이렇게 무서운 것이다. 하나님의 말씀을 의심하게 하는 것은 싹이 나기 시작하면 돌이킬 수 없는 곳으로 우리를 데려가 버린다.

마귀는 마음이 갈라진 틈으로 들어온다

'의심'의 헬라어 '디아크리노'(diakrino)는 '디아'(절반으로 나누다)와 '크리노'(마음)가 합쳐진 말로, '둘로 갈라진 마음' 또는 '마음을 반으로 나누는 것'을 뜻한다.

마귀는 하나님을 향해 있는 마음에 의심을 불어넣어 그 마음을 둘로 나누고 그 마음이 다시 합쳐지지 못하도록 그 틈 사이에 들어와 자리를 잡는다. 처음에는 내게 하나님이 보였는데 마음이 갈라진 틈 사이로 마귀가 들어오면 하나님이 안 보이게 하고는 자기가 하나님처럼 행세한다.

마귀가 제일 좋아하는 마음은 둘로 갈라진 의심하는 마음이다. 마귀가 의심을 넣어주면 우리는 우리가 알아서 마음을 둘로 갈라 틈을 만든다. 하나님을 신뢰했던 마음이 흔들리고 믿음에 균열이 생기면 그 갈라진 틈으로 마귀가 들어온다. 그래서 성경은 우리에게 이렇게 경계한다.

마귀에게 틈을 주지 말라 엡 4:27

하나님은 그분의 자녀인 우리에게 능력 베풀기를 원하시지만 그 능력을 아무에게나 베풀지는 않으신다. 흔들리지 않고 전심으로 하나님을 찾는 자에게 응답하시고 은혜를 주시지만, 의심하는 마음을 품은 사람에게는 절대로 능력을 베풀지 않으시고, 왜 의심하였느냐고 책망하신다. 아무리 소리 지르고 철야를 해도, 의심을 품은 기도는 듣지도 응답하지도 않으신다. 절반으로 갈라져서 기도하는 마음은 안 하느니만 못하다.

마귀는 의심 속에서 일하지만, 하나님은 전심 속에서 일하신다. 전심은 갈라지지 않은 마음, 흔들리지 않는 마음, 의심하지 않는 마음이다. 성경은 하나님께서 전심으로 자기를 찾는 자들에게 능력을 행하신다고 말씀한다.

여호와의 눈은 온 땅을 두루 감찰하사 전심으로 자기에게 향하는 자들을 위하여 능력을 베푸시나니 … **대하 16:9**

모압과 암몬, 마온 사람의 연합군이 쳐들어왔을 때 여호사밧은 "내가 주도 바라보나이다"라 하지 않고 "오직 주만 바라보나이다"(대하 20:12)라고 기도했다. 그러고 나서 한마음으로 나갔을 때 하나님께서 그 연합군끼리 서로 싸워 죽임으로 유다 백성은 칼 한 자루 창 한 자루 쓰지도 않고도 승리하게 하셨다.

이러한 신묘막측한 방법은 주만 찾는 자, 전심으로 주만 바라보는 자에게 베푸신 하나님의 능력인 줄 믿는다. 그러므로 하나님 앞에 한 마음으로 나아가며, 하나님을 향한 당신의 믿음에 균열이 생기지 않기를 축복한다.

하나님은 예레미야 선지자를 통해 이렇게 말씀하셨다.

너희가 온 마음으로 나를 구하면 나를 찾을 것이요 나를 만나리라

렘 29:13

하나님의 응답을 밀어내는 두 마음

하나님을 믿고 하나님의 자녀가 되어서 살아가다가도, 삶에서 힘든 일을 만나고 심한 고난을 겪다 보면 마음이 갈라질 수 있다. 고통이 길어지고 응답이 지연되면 하나님의 사랑도 의심하게 되고, 내게 관심이 있으신지도 믿을 수 없고, 하나님의 전능하심도 의심스러울 때가 있다.

이렇게 하나님을 향한 마음이 의심으로 바뀌기 시작하면서 흔들리면 이것이 더 큰 문제가 된다. 하나님의 응답이 지연되는 것보다 더 큰 문제는 내 마음이 갈라지고 하나님을 향한 믿음이 흔들리는 것이다. 흔들리면 안 된다. 진짜 믿음은 기다림에 지칠 것 같은 그 순간에도 그 마음을 지키는 것이다.

모든 지킬 만한 것 중에 더욱 네 마음을 지키라 생명의 근원이 이에서 남이니라 **잠 4:23**

아무리 고난이 오고 기도가 늦게 응답되어도, 아무리 하나님의 사랑이 식은 것 같고 '나'라는 인간이 이 세상에 존재하지도 않는 것처럼 하나님의 무관심을 느낄 때도 마음을 잃어버리면 안 된다. 생명의 근원이 마음에서 나기 때문이다.

또한 나뉘고 흔들리는 마음으로는 하나님께 무엇을 구하든지 얻을 수 없기 때문에 더욱 마음을 지켜야 한다. 내 마음이 의심으로 갈라져 두 마음이 되면 정함이 없고 하나님의 응답이 올 수 없다. 하나님은 "응답하고 싶어도 나는 갈라진 마음에는 응답 못 한다. 반심으로 구할 때 나는 응답 못 한다. 너의 마음을 전심으로 바꾸라"라고 하신다.

오직 믿음으로 구하고 조금도 의심하지 말라 의심하는 자는 마치 바람에 밀려 요동하는 바다 물결 같으니 이런 사람은 무엇이든지 주께 얻기를 생각하지 말라 두 마음을 품어 모든 일에 정함이 없는 자로다 **약 1:6–8**

그러므로 반드시 이 말씀을 기억하고, 마음이 흔들릴 때 이 말씀을 크게 외쳐 들려주길 바란다. 혹시 의심으로 하나님을 향한 믿음에 균열이 생겼는가? 고난이 하도 겹쳐 오고 오래 계속되어 그 단단하던 마음이 깨져가고 있는가? 그 마음이 봉합되어 다시 하나가 되고, 의심이 변하여 전심이 되기를 축복한다.

한마음을 지키고 있어야 하나님께서 역사하신다. 빨리 반심을 전심으로 바꾸고, 오직 믿음으로 구하고 조금도 의심하지 말고 하나님을 신뢰하며 나아가라. 하나님과 당신의 사이를 갈라놓는 의심의 산을 지금 이 시간 예수님의 이름으로 무너뜨려라.

오늘 당신과 하나님 사이에 평지가 되어 있던 그 마음에 의심의 산이 높이 솟아서 하나님의 역사를 지연시키고 있다면 그 산이 무너져 다시 평지가 되고, 그 온전한 마음으로 구하여 하나님의 응답이 속히 오기를 축원한다.

사람들과 나 사이를 가로막고 있는 의심의 산

하나님께 불신과 의심이 쌓이면 그것은 사람과의 관계로도 확장되어 부부, 친척, 교우 등 다른 사람들과의 관계에서도 의심의 산이 높이 솟아오르게 된다.

아담과 하와가 하나님을 의심하고 마음이 둘로 나뉘어 하나님과의 사이가 갈라지자, 그 죄로 가장 먼저 나타난 현상은 그렇게 살갑던 부부 사이가 의심스러운 관계로 바뀌는 것이었다.

아담은 정말 우리 중 어떤 남편보다도 훌륭한 남편이었다. 하와를 볼 때 "내 뼈 중의 뼈요 살 중의 살"이라며 감탄사를 연발하고 하나님께 감사했다. 그런데 하나님을 의심하여 관계가 멀어지니 그 의심이 부부 사이에도 들어왔다.

아담은 '저 여자만 없었더라면 더 행복했을 텐데, 저 여자만 없었으면 내가 선악과를 안 따먹고 죄를 안 지었을 텐데' 하며 하와를 원망하게 되었고, 하와도 '도대체 날 혼자 두고 어디를 갔길래, 내가 흔들릴 때 내 마음 잡아주지도 않고…' 하며 신뢰를 잃었다. 이렇게 깨어진 관계 속에 하나님의 역사가 어떻게 일어나겠는가?'

의심이 들어오면 상대방의 모든 행동이 위선처럼 보이고, 상상 속에서나 가능한 일을 직접 저 사람이 했다고 믿기 시작한다. 이 의심은 아담과 하와 부부만 갈라놓은 게 아니다. 그들이 에덴동산에서 쫓겨난 후 그들로부터 인류가 시작되는데 인류의 역사는 곧 의심의 역사였다.

나의 것을 탐내는지 의심하고, 나보다 하나님의 사랑을 더 받을까 시기하고 질투하면서 의심했다. 어디를 가도 누가 나를 죽일까 의심하여 두려워하고, 누가 쳐들어와서 내 것을 훔쳐갈까 봐 성을 쌓았다. 이것이 다 의심의 결과물들이다.

또 저 민족이 우리를 쳐들어올 것 같아서 그 의심으로 우리가 먼저 쳐들어가고, 그렇게 민족과 민족이 갈라지고, 나라와 나라가 전쟁하고, 밤에도 파수꾼을 세워 지키게 하면서 잠을 이루지 못하게 된 인류의 모든 역사는 이렇듯 서로를 믿지 못하는 불신과 의심에서 시작되어 오늘날 우리에게까지 흘러오고 있다.

처음에는 혹시, 하고 잠시 스쳤던 의심이었더라도 이것을 마귀가 심어준 후로는 급속도로 자라기 시작한다. 한번 들어온 의심이 빠져 나가지 않으면서 계속 묵상하게 되고, 의심으로 끝날 수 있었던 것을 점점 사실이라고 내가 스스로 믿게 되고, 나중에는 보지도 않았는데 봤다고 하고 듣지 않고도 들었다고 하는 환청환시에 빠지기도 한다. 의심이 이렇게 무서운 것은 그 의심의 틈에 마귀가 들어와서 증폭시키기 때문이다.

하나 됨을 지키려면

의심은 공동체를 갈라놓는다. 이는 교회도 예외가 아니어서, 이것을 잘 알았던 바울은 에베소교회 성도들에게 하나 됨을 지키기 위해 이렇게 하라고 권면했다.

> 그러므로 주 안에서 갇힌 내가 너희를 권하노니 너희가 부르심을 받은 일에 합당하게 행하여 모든 겸손과 온유로 하고 오래 참음으로 사랑 가 운데서 서로 용납하고 평안의 매는 줄로 성령이 하나 되게 하신 것을 힘 써 지키라 **엡 4:1-3**

하나가 되게 하는 것은 성령의 역할이지만 하나 되게 하신 것을 지키는 것은 우리 몫이라는 것이다. 그렇다면 성령이 하나 되게 하신 것을 어떻게 우리가 힘써 지킬 수 있는가.

겸손한 마음을 가지라

겸손은 남을 나보다 낮게 여기는 것이다. 나보다 남을 낮게 여기면 의심이 들다가도 의심이 온데간데없어진다. '왜 저렇게 하지?' 싶다가도 나보다 남을 낮게 여기는 겸손한 마음이 있으면 '아, 저 사람 생각이 깊어. 나보다 경험도 많고 함부로 말하는 사람 아니야. 아마 내가 생각하지 못하는 부분까지 생각해서 그렇게 했겠지' 이렇게 의심을 다스릴 수 있게 된다.

오래 참으라

의심이 들어오자마자 그게 사실인 것처럼 성급히 판단해서 "저 사람이 틀렸고 내가 맞다"라며 섣불리 단정하고 씩씩대지 말고 긴 호흡을 한번 가져라.

지금은 왜 저 행동을 하는지 이해가 안 되고 왜 저런 결정을 했는지 모르겠지만, 숨 한번 길게 쉬면서 긴 호흡으로 오래 참아보면 '아, 그랬구나. 그래서 그 일을 했구나' 깨달아지고, '내가 그때 다짜고짜 팔 걷어붙였으면 큰일 날 뻔했네' 할 때가 온다. 기다려보면 풀리는 오해들이 얼마나 많은지 모른다. 그래서 바울은 오래 참음으로 하나 됨을 지키라고 한다.

사랑으로 용납하라

내가 자꾸 사람이 의심스러운 건 그가 의심스러운 것보다 내게 사랑이 부족해서 그럴 때가 많다. 미워하는 마음이 있으면 어떤 행동을 보아도 밉게 보이고, 사랑하는 마음으로 보면 미운 행동도 좋게 해석할 수 있다.

이채 시인이 〈마음이 아름다우니 세상이 아름다워라〉라는 시에서 말하듯 "밉게 보면 잡초 아닌 풀이 없고 곱게 보면 꽃 아닌 사람이 없"으며 "털려고 들면 먼지 없는 이 없고 덮으려고 들면 못 덮을 허물 없"[1]는 법이다.

사랑은 허다한 죄를 덮으니(벧전 4:8), 사랑하는 마음이 있으면 용납하게 된다. 그래서 성경은 미워하지 말라고 하기 전에 사랑의 마음을 품으라고 말씀한다. 부모가 자녀에게 백번 천번 속아준다. "엄마, 한 번만요. 이제 다시 안 그럴게요" 할 때 또 그럴 걸 알면서도 믿어주는 게 사랑 아닌가.

* * *

"선생님, 제가 누르는 데마다 안 아픈 곳이 없습니다. 머리를 만져도 아프고, 볼을 눌러도 아프고, 허벅지를 만져도 아프고… 온몸이 아픕니다."

---

1 이채, 《마음이 아름다우니 세상이 아름다워라》, (행복에너지, 2014), p.86.

어떤 사람이 병원을 찾아 손가락으로 자기 몸을 눌러보니 안 아픈 곳 없이 다 아프다고 호소했다. 그때 의사가 내린 진단은 "손가락이 부러졌습니다." 부러진 손가락으로는 모든 게 아플 뿐이다.

백범 김구 선생은 "집은 좁아도 같이 살 수 있지만 사람 속이 좁으면 같이 못 산다", "지옥을 만드는 방법은 간단하다. 가까이 있는 사람을 미워하면 된다"와 같은 어록을 남겼다.

사람을 미워하면 내가 지옥에서 사는 것이고, 사람을 사랑하면 내가 천국에서 사는 것이다. 요즘 모든 사람이 마음에 들지 않고 기쁨이 사라져 삶이 지옥 같다면, 모든 사람의 문제가 아니라 내 문제일 것이다. 내 안에 사람을 믿지 못하고 사랑하지 못하는 마음이 들어왔다는 뜻이니 부러진 내 마음의 손가락을 치료하고, 의심의 안경을 벗을 일이다.

고운 것 하나 없고 원수 되었던 우리를 하나님께서 어떻게 대해주셔서 하나님과 우리가 하나가 되었는가? 우리를 사랑하시되 끝까지 사랑해주셨고 오래 참아주셨다. 우리의 단점이 아닌 장점을 보고 잘한다 해주셨다. 우리를 십자가에 매달지 않고 당신이 십자가에 우리 죄를 위해 달리셨다.

오늘도 우리가 천연덕스럽게 앉아 하나님 앞에 멋진 자녀인 양 예배드릴 수 있도록 늘 우리에게 거룩한 착각을 주시는 하나님의 사랑. 우리를 품어주시는 그 사랑 때문에 나도 당신도 오늘 이렇게 살아 있는 것 아니겠는가.

하나님께서 참아주시고 우리를 더 낮게 여겨주시고 미움보다는 사랑으로 변함없이 대해주셨기 때문에 우리가 오늘도 이곳에 있으니, 우리도 예수님처럼 사람을 대하면 인간관계 사이에 쌓일 수 있는 의심의 산들이 다 평지가 되지 않겠는가. 오늘 당신과 가족, 이웃, 성도들 간에 가로막힌 의심의 산이 다 무너지고 평지가 되기를 주님의 이름으로 축원한다.

나와 나 사이를 가로막고 있는 의심의 산

어쩌면 한 번도 못 들어봤는지도 모르겠지만, '나와 나 사이를 가로막고 있는 의심의 산'이 있다. 이 산은 내가 나를 못 믿고 의심하며 자기에게 저주를 퍼붓는 것을 말한다.

하나님께 나아가고 무슨 일을 할 때 가장 방해하는 것은 마귀보다 나일 때가 많다. 하고 싶은 나와 해야 하는 나 사이에 의심의 산이 가로막고 있어서, 내가 뭘 하려고 하면 이 의심의 산으로 또 다른 내가 나를 의심하며 저주에 가까운 말을 한다.

"네까짓 게 그런 일을 해낸다고? 네가 뭔데? 넌 특기가 실패 아니야? 넌 그럴 능력이 안 돼. 꿈도 꾸지 마."

"너는 가만히 있는 게 돕는 거야. 너는 존재 자체가 민폐라고."

"넌 환영받지 못할 거야. 모두 널 싫어하고 부담스러워하거든."

나의 성공과 성장을 가장 가로막고 의심하는 사람은 다름 아닌 나 자신이다. 하고 싶은 마음은 많은데, 할 자신이 없게 만든다.

혹시 자기가 자기를 의심해서 지금도 집 밖에 못 나오고 자기 자신에게서 "가족들이 다 널 싫어해. 네가 태어난 걸 가장 큰 불행으로 생각해. 괜히 나와서 분위기 망치지 마라" 이런 잘못된 말을 듣고 있다면 이 말로 그 의심의 산을 무너뜨려라.

"나는 보배로운 존재야. 남들은 내 가치를 몰라도 하나님은 내 가치를 알아주셨으니까 날 택하셨지. 하나님께서 어디 아무나 택하시나? 남들은 내 어디가 어떻다 머리가 어떻다 해도 나는 하나님의 형상인데!"

남들이 뭐라고 이야기하든 내가 나를 의심하지 않으면 된다. 아니, 내가 나를 의심해도 하나님께서 날 의심하지 않고 불러주시고 택하셨다는 걸 믿으면 되는 것이다.

그 산이 무너지고 난 뒤에 거룩한 착각에 빠져서 하나님의 보좌 앞으로 머뭇거리지도 않고 당당하게 나와 "아버지!" 하는 사람이 많다. 자기를 가로막는 산을 무너뜨리고 주먹을 움켜쥐면서 "할 수 있다! 하면 된다! 해보자! 주 안에서 능치 못할 일이 없다!" 외치면서 못 할 일도 해내는 사람도 많다.

하나님도 나를 의심하지 않고 구원해 주셨는데, 내가 뭐라고 나를 의심한단 말인가? 내가 하나님의 빛과 소금인데 누가 날 부담스러워하는가? 의심의 산 건너편에서 자기 자신에게 쏟아붓는 의심의 거짓말에 속지 말라.

하나님은 당신을 보배롭고 존귀하게 여기신다. 예전에는 우리가 죄인이고 보잘것없었지만, 주께서 구원하여 자녀 삼아주셨으니 이제는 내가 나를 의심하며 내 값을 매기지 말고, 하나님께서 내게 주시는 값을 매겨야 할 것이다.

나를 만드신 하나님을 신뢰하라

하나님은 불량품을 만드는 분이 아니다. 하나님의 작품을 의심하지 말고, 당신을 만드신 하나님을 신뢰하라. 5만 원짜리 지폐를 구긴다고 3만 원이 되는가? 종이가 구겨진다고 거기 적힌 내용까지 구겨지는 건 아니다. 내 인생 조금 구겨질지언정 하나님께서 매기신 귀중한 가치는 변하지 않는다.

사업에 실패하고, 시험에 몇 번 넘어지고, 하는 일이 뜻대로 안 될 수 있지만 스스로 자신을 의심하지 말라. 당신은 하나님의 작품이기에, 당신이 당신을 구길 수 없다. 하나님께 붙들린 인생은 나라고 해도 나를 가로막을 수 없다.

우리가 이 보배를 질그릇에 가졌으니 이는 심히 큰 능력은 하나님께 있고 우리에게 있지 아니함을 알게 하려 함이라 **고후 4:7**

우리는 질그릇밖에 안 되지만 그 안에 보배로운 예수 그리스도를 모시면 보배함이 된다. 나는 보잘것없고 능력도 없지만, 심히 큰 능력은 우리 주님으로부터 나오는 것이기에, 예수 그리스도께서 내 안에 들어오시면 나는 사방으로 욱여쌈을 당해도 싸이지 않고 답답한 일을 당해도 낙심하지 않고 거꾸러뜨림을 당해도 망하지 않는 존재가 된다.

능력이 내게서 나오는 게 아니니 내가 나 자신을 정죄하면 안 된다. 하나님을 신뢰하라. 자기를 의심하는 사람들에게 하나님은 호통치며 말씀하신다.

너는 알지 못하였느냐 듣지 못하였느냐 영원하신 하나님 여호와, 땅끝까지 창조하신 이는 피곤하지 않으시며 곤비하지 않으시며 명철이 한이 없으시며 피곤한 자에게는 능력을 주시며 무능한 자에게는 힘을 더하시나니 소년이라도 피곤하며 곤비하며 장정이라도 넘어지며 쓰러지되 오직 여호와를 앙망하는 자는 새 힘을 얻으리니 독수리가 날개 치며 올라감 같을 것이요 달음박질하여도 곤비하지 아니하겠고 걸어가도 피곤하지 아니하리로다 **사 40:28-31**

* * *

이 장에서는 의심의 세 가지 산에 관해 이야기했다. 하나님을 의심하는 의심의 산, 형제자매와 다른 사람들을 향해 높아진 의심의 산, 그리고 자기를 무너뜨리는 의심의 산을 허물자.

하나님을 향해서 서운한 마음이 있었다면 반심을 전심으로 바꾸어 전심으로 자기를 찾는 자에게 능력 베푸시는 하나님의 능력을 받으라. 주변의 사람들을 향해 쓰고 있던 의심의 안경을 벗어버리고 그들을 사랑으로 대하고 오래 참아주고 나보다 낫게 여겨라. 그렇게 이룬 '우리' 사이에서 하나님의 역사가 멈추지 않을 것이다.

자기 스스로를 가로막고 감금하고 보이지 않는 사슬로 묶고 있었다면 나를 지은 하나님을 신뢰함으로 의심의 산을 무너뜨려라. 산이 무너져 평지가 된 당신의 삶에 하나님께서 마음껏 일하시고 역사하시고 기적을 베풀어주시길 주님의 이름으로 축원한다.

디모데후서 1장 7절

하나님이 우리에게 주신 것은 두려워하는 마음이 아니요 오직 능력과 사랑과 절제하는 마음
이니

두려움의 산을 무너뜨리라

실체 없는 두려움의 위력

우리는 지난 몇 년간 눈에 보이지 않지만 엄연히 존재했던 한 두려움의 실체와 싸웠다. 코로나 바이러스다. 그런데 막상 걸리고는 '이것 가지고 내가 그렇게 무서워했나' 하며 실망한 사람도 많았고, 걸리고 나니 속이 편하다는 사람도 많았다. 오히려 코로나보다 훨씬 무서운 것은 코로나에 걸릴까 하는 두려움이었다.

코로나는 걸린 사람도 있고 안 걸린 사람도 있지만 코로나의 두려움에 걸리지 않은 사람은 거의 없었을 것이다. 14세기 이래 유럽에 페스트가 유행할 때 페스트에 걸려 죽은 사람보다 두려움 때문에 죽은 사람이 많았다는 말이 의아했는데 코로나를 겪으면서 그 말을 비로소 이해하게 되었다.

혹시나 병에 걸릴까 하는 두려움 때문에 사람이 사람을 경계하고 불신하고 고립시켰다. 눈앞에서 다른 질병으로 죽어가는 환자도 코로나가 의심되면 입원을 시키지 못하니 치료만 제대로 받았으면 나을 수 있었던 사람이 병이 악화되어 죽는 경우도 많았다.

코로나로 직장을 잃고, 사업이 망하고, 사회망의 단절로 고립되어 우울증을 겪다가 극단적인 선택을 한 사람도 많았다. 이런 우울한 현상에서 기인한 극단적 스트레스로 범죄와 그 피해자도 많았다. 이렇듯 코로나보다 두려움이 더 많은 사람을 죽였다.

미국 에모리대 의대와 하버드대 의대가 함께 2019-2021년까지 코로나19가 대유행한 3년간의 미국 총기 사망자료를 분석한 결과, 코로나 이전보다 총기 사고가 25퍼센트나 증가했다. 코로나가 아니었으면 없었을 '25퍼센트'다.

그 자료에서 2021년에 총기로 숨진 사람이 4만 8,953명인데, 코로나에 걸린 사람들이 벌인 범죄가 아니고 코로나로 인한 두려움으로 사람을 죽이거나 자살한 것이라 한다. 모두 코로나 감염보다 더 무서운 코로나 두려움이 만든 현상이다.

쇠렌 키르케고르는 그의 저서 《공포와 전율》(Frygt og Bæven)에서 인간의 모든 죄의 시작은 두려움이라고 했다. 가만히 세상을 지켜보면 두려움 때문에 빚어지는 비극이 얼마나 많은지 모른다.

먹을 것, 입을 것이 있는데도 가난해질지도 모른다는 두려움 때문에 필요 이상으로 소유한다. 잘되고 있는데도 뒤처질지 모른다는 두려움 때문에 불필요한 경쟁을 한다. 아플지도 모른다는 두려움 때문에 지나치게 건강에 관심을 쏟고, 실패할지도 모른다는 두려움 때문에 아무것도 시도하지 않는다.

무시당할지도 모른다는 두려움 때문에 자기를 과대포장하고, 조롱당할 것 같은 두려움 때문에 밖으로 한 발짝도 못 나가고 대인기피증을 겪는다. 저 나라가 먼저 공격할지 모른다는 두려움 때문에 우리가 먼저 전쟁을 시작하고, 상대방이 더 큰 무기를 가지고 있을지도 모른다는 두려움에 더 비싼 무기를 사들이며, 혹시 모를 일 때문에 오늘도 두려움 속에서 살아간다.

디모데의 두려움

실제로 일어난 일이 없는데도 불구하고, 이렇듯 저마다의 두려움에 휩싸여 창살 없는 감옥에 갇혀 살아가고 있는 이 세상 앞에 성경이 무어라 말씀하는지를 들어보라.

> 하나님이 우리에게 주신 것은 두려워하는 마음이 아니요 … **딤후 1:7**

하나님은 우리에게 두려움을 주신 적이 없다. 두려움이 하나님께서 주신 마음이면 24시간 감사함으로 두려워해야겠지만, 성경은 "하나님이 우리에게 주신 것은 두려워하는 마음이 아니"라고 분명히 밝히고 있다. 그러니 하나님께서 주시지도 않은 것을 품고 염려하고 두려워하는 일은 없어야 할 것이다.

바울은 이 서신을 통해 믿음의 아들 디모데에게 두려워하지 말라고 말하고 있다. 그는 왜 이런 말을 한 것일까? 이 말을 근거로 봤을 때 디모데는 두려워하고 있었다는 것이다.

디모데는 에베소교회의 목사였다. 바울이 개척한 에베소교회에 담임목회자로 부임한 디모데가 무엇 때문에 두려워했는지 알아보고, 그것을 통해 우리의 두려움도 점검해보자.

1. 그의 연소함

누구든지 네 연소함을 업신여기지 못하게 하고 … **딤전 4:12**

젊은 나이에 에베소교회의 목사가 된 디모데는 자신의 연소함 때문에 두려워 목회를 감당하기 힘들어했다. 이른 나이에 목회를 한다는 것이 얼마나 부담되고 어려운 일인지는 경험해본 사람만이 알 것이다. 나는 29세에 달라스에서 교회를 개척하고 목회를 시작했는데 그때 가장 힘들었던 것이 어린 나이였다. 목사라고 하면 사람들이 대충 머릿속에 상상하는 나이가 있는데 와서 보니 너무 젊은 목사가 있으니까 당황하는 분이 많았다.

개척 후 2년쯤 지났을 때 내 아버지 연배의 안수집사님 한 분이 정말 오랫동안 전도한 친구분을 데리고 교회에 오셨다. 그런데 그 친구분은 반갑게 인사하는 나를 보더니 "홍 집사, 지금 내가 이 새파란 사람 앞에 앉아서 설교를 들으라고? 어이구, 사람 참…" 하며 화를 내고 그냥 가버리셨다(그 분은 놀랍게도 15년 후에 교회에 등록하고 나오셨다. 예배 때마다 울면서 말씀을 듣고 은혜받으며 신앙생활 잘하시다가 지금은 천국에 가셨다. 충격받으실까 봐 나는 그때 그 새파랗게 젊은 목사가 나라는 것을 절대 말씀드리지 않았다).

그날 나는 전도해 온 안수집사님에게 "젊어서 죄송합니다. 젊어서 죄송합니다"라고 몇 번이나 사과드렸다. 설교하는 내내 마음이 얼마나 죄송하고 무거운지 설교를 어떻게 마쳤는지도 모르겠다.

그날 밤에는 하나님께 왜 저를 젊을 때 부르셨냐고 속상한 마음을 토로하며 기도했다. 그때부터 내 기도 제목은 세계선교가 아니라 어서 나이 먹고 흰머리 빨리 나는 거였다.

세월이 흐른 지금도 강단에 서면 나보다 나이 많으신 성도들이 훨씬 많으신데 아무리 목사라도 그분들 앞에서 "제가 인생을 살아보니까…", "삶이란…" 이런 말이 잘 안 나온다.

하나님께서 세우셨고 하나님의 말씀을 대언하기 때문에 담대하게 전할 뿐, 사실 젊은 목회자가 연세 많은 분을 포함해 성도들을 대상으로 목회를 한다는 건 자기도 낯 뜨겁고 참 어려운 일이다. 디모데도 그 연소함 때문에 겪는 두려움이 컸던 것 같다.

2. 병

디모데전서 5장 23절에 의하면 디모데에게는 위장병과 몸에 자주 나는 병이 있었다. 병약한 몸으로 목회하는 것도 그에게 큰 고통과 두려움이었을 것이다. 연소하여 젊으면 체력이라도 있어서 성도들 이 삿짐이라도 잘 옮겨줘야 할 텐데 몸이 아파서 오늘은 이래서 못 나오고 다음 주는 저래서 쉬면 목회가 되겠는가.

목사는 병만 가지고 있어도 성도에게 미안한 법이다. 자기 병도 못 고치면서 어떻게 "하나님께서 여러분을 치료하십니다"라고 설교하며, 무슨 치유 기도를 하겠는가. 아픈 목사를 누가 좋아하겠는가. 그러니 아픈 것을 성도에게 알리지도 못하고 무슨 병이며 공황장애나 우울증 등이 있어도 숨기면서 살아야 한다.

아프다는 것이 목회자에게는 얼마나 큰 고통인지 모른다. 연소한데 건강하지도 않고 병까지 있는 몸으로 에베소교회같이 큰 곳에서 목회하는 디모데에게는 하루하루가 두려움이었을 것이다.

3. 로마의 핍박

그 당시는 로마 시대였다. 복음만 전해도 잡혀가 죽던 무시무시한 핍박의 시대다. 한 사람의 크리스천으로 예수를 믿어도 지하 무덤까지 와서 찾아내어 죽이던 시절인데 교회의 지도자가 되어 공개적으로 복음을 전하는 것이 얼마나 힘들고 큰 담력이 필요한 일이었을까.

젊고 몸도 약한 그는 설교하는 중에 밖에서 부스럭 소리만 나도 '우리 잡으러 왔는가', 밖에서 사람 소리만 들려도 '우리 잡으러 왔는가' 하며 무섭고 떨렸을 것이다.

4. 바울의 후임자라는 위치

그에게 또 하나의 고통이 있었을 것으로 짐작된다. 그것은 그가 바울의 후임자였다는 점이다. 위대한 영적 거인의 뒤를 잇는 연소한 목회자의 고통을 누가 헤아릴 수 있을까.

사람들은 시마다 때마다 바울과 비교할 테고 자기가 생각해도 바울같이 위대한 영적 거인은 더 나올 것 같지 않은데 그래도 성도들에게 아쉬운 마음이 없도록 노력하는 그 마음이 얼마나 간절하고 힘은 또 얼마나 들었겠는가.

두려워하는 자에게 주시는 하나님의 말씀

따지고 보니 디모데는 이렇듯 완전히 두려움에 싸여서 아무것도 못 할 조건을 다 갖추고 있었다. 그는 다 못 한다고, "하나님, 저는 어려서 못 해요. 저는 아파서 못 해요 저는 무서워서 못 해요. 저는 부족해서 바울의 절반도 못 따라가요"라는 말이 저절로 나올 처지였다. 그런데 하나님은 바울을 통해서 말씀하신다.

"디모데야, 하나님께서 네게 주신 마음은 두려워하는 마음이 아니다. 그 마음은 하나님으로부터 나온 마음이 아니다. 너는 아무것도 두려워하지 마라. 너는 담대하라. 너는 강하라. 내가 너와 함께하니라. 너는 은혜 안에서 얼마든지 강한 사람이 될 수 있다."

어려서부터 성경을 알아 구약에 능통했던 디모데는 이 말씀 뒤에 이사야서 43장 1절 말씀이 떠오르지 않았을까?

야곱아 너를 창조하신 여호와께서 지금 말씀하시느니라 이스라엘아 너를 지으신 이가 말씀하시느니라 너는 두려워하지 말라 내가 너를 구속하였고 내가 너를 지명하여 불렀나니 너는 내 것이라

예수님도 말씀하셨다.

내가 그들에게 영생을 주노니 영원히 멸망하지 아니할 것이요 또 그들을 내 손에서 뺏을 자가 없느니라 그들을 주신 내 아버지는 만물보다 크시매 아무도 아버지 손에서 빼앗을 수 없느니라 **요 10:28,29**

지금 당신이 어떤 일을 맡게 되어 이것을 내가 해낼 수 있을지, 아니면 기도하고 시작하는 사업이나 준비하는 일이 정말 가능할지 두려워진다면 이것을 기억해야 한다. 당신이 누구의 것인지, 누구 손안에 있는지, 누가 당신을 붙잡고 있는지를.

당신이 하나님의 손에 있다는 것을 절대로 잊어서는 안 된다. 자기 아들을 아끼지 아니하시고 주신 이가 어찌 좋은 것으로 자기 자녀에게 주시지 않겠는가. 하나님 한 분만 거룩함으로 두려워하고, 그 외에는 아무도, 아무것도 두려워하지 말라.

그런즉 그들을 두려워하지 말라 … 몸은 죽여도 영혼은 능히 죽이지 못하는 자들을 두려워하지 말고 오직 몸과 영혼을 능히 지옥에 멸하실 수 있는 이를 두려워하라 **마 10:26,28**

우리가 두려워할 유일한 대상은 하나님이다. 하나님을 섬기지 못하는 것, 하나님과 멀어지는 것, 하나님의 일을 게을리하는 것, 하나님의 능력을 의심하는 것 등 하나님과 문제가 생기는 것이야말로 우리가 가장 두려워해야 할 일이다. 그러나 하나님과의 문제가 없다면, 그 외에는 두려워할 일이 없다. 하나님께서 그 모든 두려움을 물리치실 것이기 때문이다.

하나님으로부터 오는 마음이 아니라 마귀가 주는 두려움은 우리를 얽어매어 아무것도 못 하게 만드는 쇠사슬이다. 하나님은 우리에게 두려움을 주시는 분이 아니다. 무엇이든지 하라고 하신다. 내가 너와 함께하니 뭐든지 해보라고 격려하신다.

목회든 하나님께서 맡기신 사역이든, 당신이 하나님께 응답받고 시작한 공부나 직장이나 사업이나 꿈과 비전이든, 그것이 무엇이 되었든 두려움 때문에 포기하거나 멈추지 말아야 한다. 하나님께서 그만두라고 하신다면 당장에 멈추어야 하지만, 마음에 드는 두려움 때문에 멈추면 안 된다. 두려움은 우리가 하고 말고를 결정지을 수 없다.

능력이 두려움을 이긴다

하나님이 우리에게 주신 것은 두려워하는 마음이 아니요 오직 능력과
사랑과 절제하는 마음이니 **딤후 1:7**

감사하게도, 바울은 그냥 두려워하지 말라고만 하지 않고 두려움
을 이기는 방법도 가르쳐주었다. 그것은 두려움 대신에 주신 "능력과
사랑과 절제"다. 이 세 가지는 우리 앞에 어떤 두려움의 산이 있어도
그 산을 평지로 만들어내는 하나님의 무기다.

그중 첫 번째가 "능력"인데, 그렇다고 해서 '역시 사람은 능력이 있
어야 하는구나' 하고 실망하지 말라. 이 능력은 세상이 말하는 스펙
이나 똑똑한 두뇌나 명성, 재력, 인맥, 재능 같은 게 아니라 두려움을
이기는 능력이다.

헬라어로 '두나미스'라고 하는데, 세상에서 오는 힘이 아니라 위로
부터 오는 힘을 뜻한다. 이 단어는 '권능'으로도 번역되는데, 권능은
언제 임하는가?

오직 성령이 너희에게 임하시면 너희가 권능을 받고 … **행 1:8**

권능, 즉 두려움을 이기는 능력은 바로 성령이 임하심으로 받게 된
다. 성령 충만할 때 생기는 가장 큰 변화는 담대해진다는 것이다. 에

베소서에서 바울은 "술 취하지 말라 이는 방탕한 것이니 오직 성령으로 충만함을 받으라"(엡 5:18)라며 성령 충만과 술 취함을 비슷하게 이야기했다. 술 취한 사람의 특징 중 하나가 담대함이다. 전봇대와도 싸우고 차가 달리는 길에도 뛰어들고 깡패들에게 둘러싸여도 멱살을 잡고 싸운다.

그러나 술에 취하기보다 성령으로 충만해지라고 했다. 그러면 술 취한 것과 비교할 수 없는 담대함이 나온다. 성령이 임하심으로 담력이 생긴 후에 두려움의 대상을 보면, 예전에 그렇게 두렵던 그것이 전혀 두려운 존재가 아니라는 것을 알게 된다.

1장에서 스룹바벨과 대제사장 여호수아를 두 감람나무라고 했다. 스룹바벨과 여호수아, 그리고 그들과 연결된 이스라엘 백성이 걸어가는 길에 산들이 가로막고 있는데 그 산들이 그냥 평지가 되는 게 아니라 이 두 감람나무에 성령이 부어짐으로써 비로소 평지가 된다고 한 내용을 기억할 것이다.

그렇듯 우리가 두려움이라는 산을 평지로 만들기 위해서는 스룹바벨뿐만 아니라 메마른 감람나무 같은 나에게도 성령의 기름이 부어져야 하고, 성령이 부어지는 역사가 있어야 권능이 임하는 것이다. 그것이 가장 먼저 이루어져야 하는 일이다.

성령이 부어지면 담대함뿐 아니라 분별력이 생긴다. 두려워서 주저하던 일인데 힘들지만 계속 밀고 나가야 한다는 게 보이기도 하고, 밀고 나가던 일인데 하나님께서 원치 않으시기에 다시 점검해봐야 한다는 것을 깨닫기도 한다.

그러니 뭔가를 시작하며 두렵거나 두려워 포기하려 한다면 결정하기 전에 우선 뜨겁게 기도하고 성령 충만한 상태가 되어서 다시 그 문제를 바라보라. 성령 충만하면 영적인 분별력이 생겨서 해야 할지 포기해야 할지가 잘 보인다.

사랑이 두려움을 이긴다

두 번째로, 사랑이 두려움을 이긴다. 사랑하는 사람은 무서운 게 없다. 소심하던 남자가 연애를 시작하고 연인을 사랑하면 깡패들에게 둘러싸였을 때 질 줄 뻔히 알면서도 멱살부터 잡는 용기가 나온다. 사랑하면 눈에 뵈는 게 없어지기 때문이다.

사랑은 그렇게 힘이 있는 것이다. 두려움 앞에 섰어도, 정말 주님을 사랑하고 주님이 날 사랑한다는 그 사랑의 마음이 충만하면 겁날 게 없어진다.

하나님의 사랑 외에 사람의 사랑 중에서 가장 위대한 것이 어머니의 사랑이라 한다. 여자는 약해도 엄마는 강하다고 할 만큼, 자식을 위한 일이라면 체면도 없고 두려움도 없이 세상에서 가장 용감한 사람이 된다.

우리 집안에 전설처럼 내려오는 이야기가 하나 있다. 내 누님이 아직 돌이 안 된 아기였을 때의 일이다. 어머니가 밭에서 일하고 돌아오는데 갑자기 동네 한가운데 구름기둥이 하늘로 올라가기에 보니 우리 집에 불이 났더라는 것이다.

그래서 어머니가 급히 달려가서 방으로 뛰어들어 어린 딸을 밖으로 힘껏 던지니 그 아기가 마당 건너편 거름더미에 떨어져 살았고, 방에 있던 쌀 두 가마니까지 번쩍 들어서 던지니 그것이 마당 한가운데 가서 떨어졌다고 한다.

어머니께 직접 수도 없이 들은 이야기인데 내가 태어나기 전의 일이라 검증할 방법은 없지만, 나는 충분히 가능한 얘기라고 생각한다. 보통 때는 쌀 한 말도 못 이고 가는 연약한 여인이지만 자식과 가족을 살려야 된다는 마음에 초인적인 힘이 나온 것이다. 그 힘은 체력이 아니라 사랑의 힘이다.

이 사랑의 힘은 두 가지 방식으로 나타난다. 누군가를 뜨겁게 사랑할 때 그 사람을 위해서 없던 힘이 나오기도 하고, 누군가로부터 뜨거운 사랑을 받을 때 자신감과 힘이 생긴다. 그래서 세상에서 가장 담대한 사람은 누군가를 미치도록 사랑하거나, 누군가로부터 미치도록 사랑을 받는 사람이다.

독수리로 태어난 아이도 야단만 맞고 주눅 들면 닭이 되지만 부모의 깊은 사랑을 받고 자란 아이는 병아리로 태어났어도 독수리가 되어 하늘을 난다. 사랑받고 있다는 마음이 얼마나 사람을 담대하게 하는지 모른다. 그런데 나를 미치도록 사랑해주는 분이 전능하신 하나님이라면 우리가 두려워할 일이 뭐가 있겠는가?

두려워 떨릴 때는 지금 누가 나와 함께 계시는지를 기억하라. 그분이 나를 싫어하는 분이 아니라 사랑하시는 분이며, 뭐든지 책임져주시는 하나님이신 것을 기억할 때 담대함이 나온다.

하나님의 사랑을 느끼지 못할 때는 뭘 해도 두렵지만, 그 사랑을 기억하고 '하나님께서 날 사랑하셔서 독생자까지 주셨고 좋은 것으로 주시지' 생각한다면 두렵다가도 그 사랑 안에서 안전하고 담대해진다.

사랑 안에 두려움이 없고 온전한 사랑이 두려움을 내쫓나니 두려움에는 형벌이 있음이라 두려워하는 자는 사랑 안에서 온전히 이루지 못하였느니라 **요일 4:18**

절제하는 마음이 두려움을 이긴다

절제하는 사람은 두려움을 이길 수 있다. 두려움은 자기 능력을 초월해야 할 때, 내가 할 수 없는 일을 욕심내서 할 때 찾아온다.

많은 사람이 하나님께 묻지도 않고 자기 욕심으로 과하게 저질러 놓고는 도와달라고 한다. 자기 능력을 초과해서 가진 재산을 다 털어 넣고 남의 돈까지 끌어다 투자한 사람은 "하나님, 큰일 났습니다" 하며 밤에 잠도 못 자고 괴로워한다.

시작하기 전에 절제하는 마음이 있었다면 내 능력만큼만 해서 두려운 일도 없고 평안했을 것이다. 그러니 언제나 시작하기 전에 이것이 야망인가 욕망인가를 생각하고 감당할 수 있을 만큼만 하는 절제심을 갖자. 그래야 두려움에서 자유로울 수 있다.

하나님의 명령이 아니라 내 욕심이 자꾸 큰 것을 이루려고 하는 것이면 마음이 두렵고 불안해질 것이다. 그때는 기도하고 내게 맞는 수준으로 절제할 때 마음에 평안이 오고, 안 되던 일이 오히려 더 잘될 수도 있다.

기도했을 때, 만일 내 능력과 형편을 초월하는데도 정말로 하나님께서 하라고 강하게 말씀하신다면 순종하고 나아가야 한다. 남들이 무모하다느니 과하다느니 하며 두려워해줄(?)지 몰라도, 기도하고 응답받고 진행하는 일이라면 그것은 주님이 주신 마음이기 때문에 당사자는 담대할 수 있다.

하나님께서 분명히 명령하신 내용이라면, 아무리 능력, 형편을 초월해서 해도 두려운 마음이 들지 않는다. 하나님께서 주신 마음에는 두려움이 아니라 담대함이 따라오기 때문이다.

절제한다고 두려움이 무조건 사라지는 것도 아니고, 과하다고 다 두려워하는 것도 아니다. 하나님께서 원하시는 것인가 아닌가를 알고 시작하는 것이 가장 중요하다. 하나님께서 원하지 않으시는 일을 억지로 하면 아무리 절제하고 안전하게 시작해도 마음이 두렵고, 하나님의 뜻을 확신한다면 과해 보여도 두려움 없이 담대하게 할 수 있다.

두려울 때 꼭 기억할 두 가지

두려움을 너무나도 잘 알았지만, 그럼에도 바울은 믿음의 아들 디모데에게 이렇게 말한다.

"디모데야, 네가 힘들고 어려운 것, 그리고 두려운 것 내가 다 안다. 그러나 너는 모든 일에 신중하여 고난을 받으며 전도자의 일을 하며 네 직무를 끝까지 다해야 한다."

그러나 너는 모든 일에 신중하여 고난을 받으며 전도자의 일을 하며 네 직무를 다하라 **딤후 4:5**

이 말을 받은 디모데는 두려움 앞에 결국 무릎을 꿇었을까, 꿇지 않고 끝까지 그 길을 갔을까? 그렇게 두려워했던 디모데는 자신의 사명을 잘 감당하고 2천 년이 지난 지금까지도 기억될 만큼 멋진 목사가 되었다.

오늘 우리 앞에서 여전히 실체 없는 두려움의 산이 우리를 가로막고 한발도 앞으로 못 나가게 버티고 있다. 이제 우리는 그 두려움의 산에서 물러나지 않고 앞으로 나가야 한다.

어쩌면 그 두려움의 산은 가까이 가서 보면 종이호랑이인지도 모른다. 두려움에 무릎 꿇지 말고 하나님 앞에 무릎 꿇음으로 그 두려움을 이기기 바란다. 혼자 있을 때는 두려움이 세상 다 가진 것처럼 위협해 올지라도, 하나님께서 나와 함께하셔서 내 곁에 서 계신 것을 보면 두려움이 놀라 흔들릴 것이다.

큰일 났거든 "큰일 났다, 큰일 났다"만 하지 말고 하나님께 그 두려움을 이기는 능력을 달라고 기도하라. 성령이 임하면 그 권능이 생긴다. 성령 충만하게 되어 그 산을 다시 보면 그 산이 뒤돌아서야 할 산인지 무너뜨려야 할 산인지 분별이 될 것이다.

그리고 하나님께서 당신을 얼마나 사랑하고 계시는지를 기억하라. 힘들고 이제는 끝인 것 같아 두려워도 당신이 여전히 누구 손에 있는지를 기억하라. 하나님께서 당신을 사랑하시되 끝까지 사랑하시고, 하나님 손에 있는 자를 뺏을 자가 없으니 하나님께서 당신을 반드시 승리의 자리로 이끄실 것이다.

하나님께서 사랑하시는 사람은 하나님께서 지켜주신다. 두려울 일이 전혀 없다. 기도함으로 절제하여 마음의 평안을 얻을 일인지, 능력을 받아 담대하게 나아가야 할 것인지를 분별하기 바란다. 절제해야 할 때 절제하고, 순종하고 담대히 나아가야 할 때 나아가는 그 믿음을 지니길 바란다.

에베소서 2장 12-18절

¹² 그때에 너희는 그리스도 밖에 있었고 이스라엘 나라 밖의 사람이라 약속의 언약들에 대하여는 외인이요 세상에서 소망이 없고 하나님도 없는 자이더니 ¹³ 이제는 전에 멀리 있던 너희가 그리스도 예수 안에서 그리스도의 피로 가까워졌느니라 ¹⁴ 그는 우리의 화평이신지라 둘로 하나를 만드사 원수 된 것 곧 중간에 막힌 담을 자기 육체로 허시고 ¹⁵ 법조문으로 된 계명의 율법을 폐하셨으니 이는 이 둘로 자기 안에서 한 새사람을 지어 화평하게 하시고 ¹⁶ 또 십자가로 이 둘을 한 몸으로 하나님과 화목하게 하려 하심이라 원수 된 것을 십자가로 소멸하시고 ¹⁷ 또 오셔서 먼 데 있는 너희에게 평안을 전하시고 가까운 데 있는 자들에게 평안을 전하셨으니 ¹⁸ 이는 그로 말미암아 우리 둘이 한 성령 안에서 아버지께 나아감을 얻게 하려 하심이라

6

관계의 산을 무너뜨리라

우리가 허물어야 하는 담

한국이 전 세계에서 유래를 찾아볼 수 없을 정도로 기독교를 빨리 받아들이고, 전 국민의 4분의 1이 예수님을 믿는 나라가 된 데는 이유가 있다. 예수님과 한국인은 평화를 사랑하는 성품이 서로 닮았다. 한국은 구백 번 이상 침략을 받을지언정 한 번도 남을 먼저 침략하지 않았을 정도로 평화를 사랑하는 민족이다.

그런 한국인들은 싸울 때도 평화적이다. 서양인은 총을 쏘고 동양인은 칼로 찌르며 싸우는데 한국인은 오로지 말로만 반나절을 다툰다. 한 손으로 호랑이를 때려잡은 이야기, 주먹 하나로 열 명과 싸운 이야기, 저번에 네가 까불었을 때 봐줬던 이야기, 내가 촌수로 따지면 네 삼촌뻘이라는 이야기로 반나절을 싸운다.

그러다 말려줄 사람이 등장했을 때 비로소 주먹질을 시작한다. 말리기도 전에 "말리지 마. 이 사람이 보자 보자 하니까!"라며 허공에 주먹을 한두 번 날리고선 뜯어말리는 사람에게 못 이기는 척 은근슬쩍

몸을 맡긴다. 이후로도 말로만 몇 번 싸우다가 "밤길 조심해! 다음에
는 안 봐줘!"라고 엄포를 놓으며 시시하게 싸움을 끝내버린다.

고인이 된 이어령 박사도 "한국인은 울타리가 없으면 절대로 싸우
지 않는다"라고 말했을 정도로 한국은 그 어떤 나라보다 평화를 사
랑하는 민족이다.

예수님도 평화의 왕으로 이 땅에 오셨다. 예수님을 믿는 곳에는 평
화가 찾아온다. 밤낮으로 싸우던 집안이 예수님을 믿기 시작하면 평
화로운 가정이 되고, 다툼이 있는 곳에 예수님이 오시면 금방 화해가
일어난다. 화목하게 하는 화목제물로 예수님이 이 땅에 오셨기 때문
이다.

그는 우리의 화평이신지라 둘로 하나를 만드사 원수 된 것 곧 중간에 막
힌 담을 자기 육체로 허시고 **엡 2:14**

이 장에서는 막힌 담을 헐고 갈라진 관계를 회복시키려고 이 땅에
오신 예수님을 힘입어 당신 앞을 가로막는 담을 허물고자 한다. 부디
이 담이 전부 허물어지고 높은 산이 평지가 되기를 바란다.

하나님과 나 사이의 담을 허물어라

하나님과 당신의 사이에 담이 있는가? 그 담 때문에 하나님의 음

성을 듣지 못하고 있는가? 성경은 하나님과 단절하여 그분의 음성을 듣지 못하고 살게 하는 것이 '죄'라고 규정한다.

> 여호와의 손이 짧아 구원하지 못하심도 아니요 귀가 둔하여 듣지 못하심도 아니라 오직 너희 죄악이 너희와 너희 하나님 사이를 갈라놓았고 너희 죄가 그의 얼굴을 가리어서 너희에게서 듣지 않으시게 함이니라
>
> **사 59:1,2**

죄의 담이 가로막고 있는 한 그 인생은 아무것도 열리지 않는다. 하나님과 연결되지 않았는데, 하늘의 문이 어떻게 열리며 시온의 대로가 무슨 수로 열리겠는가.

하나님과 나 사이에 여전히 담이 있다면 하늘의 문은 열리지 않고, 하늘의 문이 막히면 인생의 문도 열리지 않는다. 하나님과 영통(靈通)이 되어야 소통이 되고 사람 간에도 인통(人通)이 되며, 장사를 해도 물통(物通)과 유통이 되는 것이다.

하늘의 문이 닫혀있다면 내 힘으로 아무리 열심히 살아본들 하나님의 돌보심과 도우심을 기대할 수 없다. 하나님과 나 사이에 아무런 담이 없어야 하늘의 문이 열리는 법이다.

그런데 이 담은 사람의 힘으로 허물 수 없다. 인간의 선행과 노력, 지식과 지혜로는 담을 허물기는커녕 흠집 하나도 낼 수가 없다. 이 담은 십자가에 달려 죽으셔서 인간의 죄를 대속하신 예수님만 허무

실 수 있다. 그분만이 하나님과 우리 사이를 화목하게 할 수 있음을 성경은 분명히 말씀한다.

그때에 너희는 그리스도 밖에 있었고 이스라엘 나라 밖의 사람이라 약속의 언약들에 대하여는 외인이요 세상에서 소망이 없고 하나님도 없는 자이더니 이제는 전에 멀리 있던 너희가 그리스도 예수 안에서 그리스도의 피로 가까워졌느니라 엡 2:12,13

어떤 것으로도 허물 수 없었던 이 담은 예수님을 믿는 순간 흔적도 없이 사라진다. 오직 예수님의 공로로 담을 허물 수 있다.

예수님은 하나님과 우리 사이를 가로막은 담을 허물기 위해 자신을 화목제물로 바치셨다. 화목제물이 되신 예수님을 통해 원수 관계였던 하나님과 우리 사이가 화목하게 되었고 하나님 아버지와 그분의 자녀로 상통하게 되었다.

또 십자가로 이 둘을 한 몸으로 하나님과 화목하게 하려 하심이라 원수된 것을 십자가로 소멸하시고 엡 2:16

인생에서 가장 급하고 중요한 일은 나와 하나님 사이를 가로막는 담을 허물어 하나님과의 관계를 회복하는 것이다. 예수를 믿음으로 죄의 담을 헐고 하나님과 화해하여 천국에 가자. 이 중요한 일을 절대로 미루고 살아서는 안 된다.

나와 나 사이의 담을 허물어라

나 자신과 친해져라

내 안에는 두 존재가 있어서 내가 좋아하는 나와 내가 싫어하는 나, 과거의 나와 현재의 내가 서로 상충한다. 나의 옛사람(죄의 속성을 가진 사람)과 새사람(그리스도 안에서 새롭게 빚어진 사람)이 싸우듯 당신과 또 다른 당신도 서로 다투고 있다.

당신은 당신이 마음에 드는가? 거울을 볼 때 "참 잘생겼다", "참 예쁘다"라는 말이 나오는가? 스스로 머리를 쓰다듬어 주고 싶은가? 안아주고 칭찬해주고 싶은가? 우리는 자신을 사랑할 줄 알아야 한다. 나를 저주하거나 미워하면서 나 스스로를 가로막는 담을 허물고 자신과 친해져야 한다.

가정 사역자인 송길원 목사님(하이패밀리 공동대표)은 "나를 칭찬하며 사십시오"라며, 자기가 자신을 어떻게 아끼고 사랑하는지 한 예를 들려주었다. 그는 생일이 되면 "길원아, 점심은 뭐 먹고 싶니? 평소에 제일 먹고 싶었던 거로 먹자. 오늘은 내가 나한테 한턱낼게!"라며 자기에게 말을 건넨다.

혼자 고급 레스토랑에 앉아 "길원아, 마음껏 먹어!", "이거 내가 좋아하는 건데 고마워!" 이렇게 1인 2역을 하면서 먹고, 식사 후에는 "길원아, 디저트는 뭐 먹고 싶어?" 묻고 자신이 먹고 싶었던 후식을 대접하며, 자신을 위해 준비한 선물도 준다.

자신을 돌보고 대접하는 모습이 참 멋지지 않은가? 내가 나를 받아주고 격려하고 칭찬할 때 내면이 건강해진다. 목사님도 그렇게 내면이 건강하니까 남도 치료할 수 있는 것이다.

언젠가 친한 목사님 한 분과 식사할 때의 일이다. 그 분이 내게 이민교회에서 목회를 참 잘한다고 칭찬하셨다. 그래서 내가 "아닙니다, 아닙니다"라며 손사래를 치자 "그래? 그럼, 목회를 못해?"라고 되물으시고, 당황하는 내게 웃으며 말씀하셨다.

"칭찬해줄 때는 '아닙니다' 하지 말고 '감사합니다. 더 열심히 하겠습니다' 이렇게 말하면 칭찬한 사람도 기분이 좋잖아. 한국 사람들은 참 희한해. 음식을 잘 차려놓고서도 '차린 것이 없습니다'라고 하잖아. 이왕이면 '입에 맞으실진 모르겠지만 정성스럽게 준비했으니 맛있게 드세요'라고 하면 서로 기분이 좋잖아."

나는 그때 큰 깨달음을 얻었다. 나 역시 나도 모르게 겸손이라는 명목으로 나를 비하하고 있었던 것이다.

더 나아가 스스로 자기를 저주하고 "너는 안 돼. 네까짓 게 뭘 해. 아무것도 하지 마. 너는 가만히 있는 게 도와주는 거야. 네 존재 자체가 민폐야"라고 다그치며 학대하는 사람들이 있다.

당신은 자기 자신을 사랑하고 친하게 지내는가? 겉보기에만 그럴

싸하게 나를 포장해두고 정작 속은 다 문드러진 상태로 지내지는 않는가? 하나님은 절대로 그것을 원하지 않으신다.

나는 이미 새사람이 되었다

원죄가 들어옴으로 말미암아 하나님께서 지으신 형상이 완전히 훼손된 것을 '전적 타락'이라고 한다. 망가져 수리가 불가능한 물건처럼 전적으로 타락해 회복될 수 없는 우리였으나, 예수님이 대속해주셔서 하나님의 새로운 형상으로 다시 만들어졌다.

> 그런즉 누구든지 그리스도 안에 있으면 새로운 피조물이라 이전 것은 지나갔으니 보라 새것이 되었도다 **고후 5:17**

하나님께서 예수님의 보혈로 새로 빚으셔서 옛사람은 폐기되고 완전히 새로운 존재가 되었다. 예전에 당신이 누구였고 어떤 과거와 상처가 있었는지는 몰라도, 예수님을 믿는 순간 옛사람은 죽고 당신은 새롭게 빚어져 새사람이 된 것이다.

마귀가 매긴 형편없는 점수를 진짜 내 점수라고 착각하지 말라. 당신의 점수는 오직 하나님만 매길 수 있고, 그것이 진짜 내 점수다. 마귀가 거짓말로 규정하는 내가 아니라 하나님께서 사랑으로 규정하시는 나를 바라보라. 마귀가 말하는 내 모습은 가짜다. 하나님의 형상대로 새롭게 빚어진 내 모습이 진짜다.

마귀가 속삭이는 과거의 이야기에 속지 말라. 옛사람의 껍데기는 쳐다보지도 말라. 과거의 못난 부분이 상처와 열등감으로 자리를 잡고 당신을 압도하려고 할지라도 위축되지 말라. 당신의 옛사람은 십자가 위에서 예수 그리스도와 함께 죽었다.

만일 내가 헐었던 것을 다시 세우면 내가 나를 범법한 자로 만드는 것이라 … 내가 그리스도와 함께 십자가에 못 박혔나니 그런즉 이제는 내가 사는 것이 아니요 오직 내 안에 그리스도께서 사시는 것이라 … **갈 2:18,20**

과거의 내가 현재의 나를 괴롭힐 수 없는 것은, 과거의 나는 이제 존재하지 않기 때문이다. 죽은 옛사람은 살아 있는 새사람에게 아무런 말도 할 수 없다. 이미 죽었기 때문에 옛사람의 말을 들을 필요도, 대꾸할 이유도 없는 것이다.

과거에 대한 기억은 남을 수 있지만, 예수님을 믿는 사람은 과거의 삶으로 회귀해서는 안 된다. 과거와 완전히 이별하여 하나님의 새 피조물답게 은혜 안에서 새롭게 시작해야 한다. 과거의 죽은 내가 현재의 살아 있는 나를 괴롭히게 해서는 안 된다. 예수님을 알지 못했던 시절에 모르고 저질렀던 범죄와 내면의 상처에 머물러 있을 이유가 전혀 없다.

그러니 이제 새로운 존재답게, 하나님의 자녀답게, 완전히 회복된 하나님의 형상답게 살라. 자기가 이런 존재인 것을 제대로 알고 그 값에 어울리는 대우를 자신에게 해주어라. 하나님께서 새로 빚어서 만드신 피조물을 함부로 여길 수 없다는 영적 정체성을 가지고 자신을 소중하게 대하라.

> 오직 너희의 심령이 새롭게 되어 하나님을 따라 의와 진리의 거룩함으로 지으심을 받은 새사람을 입으라 엡 4:23,24

마귀에게 속지 마라

심리학자 스캇 팩은 《거짓의 사람들》(The People of The Lie)이라는 책에서 수많은 내담자와의 상담 사례를 소개했는데, 자기가 자기를 괴롭히는 사례가 가장 많았다고 한다. 타인이 매겨준 잘못된 점수를 진짜 내 점수로 착각해서 내가 나를 괴롭히며 비참하게 만들다가 결국은 자신을 용서하지 못하는 사람이 되고 만 것이다.

겉으로는 출세한 변호사, 사람을 치료하는 의사, 학생을 가르치는 교사, 법을 만드는 정치인, 말씀을 전하는 목사로 살지만, 그것은 남들에게 보이는 멋진 포장지일 뿐, 상처와 아픔을 끌어안고 괴롭게 살아가는 사람들이 참 많다.

믿는 자들도 마찬가지다. 예수님이 족쇄를 풀어주셨는데도 새장 안의 새처럼 자기 자신을 가두며 살아가는 사람, 행복한 얼굴로 예배드리고 있지만 예수님이 주신 자유를 누리지 못하고 억눌려있는 사람이 교회 안에도 얼마나 많은지!

자기를 감추는 사람, 자기를 부끄럽게 여기는 사람, 자기를 학대하는 사람, 자기를 비하하는 사람, 자기를 저주하고 세뇌하는 사람, 자기를 감금하는 사람은 모두 마귀에게 속는 것이다.

그리스도께서 우리를 자유롭게 하려고 자유를 주셨으니 그러므로 굳건하게 서서 다시는 종의 멍에를 메지 말라 **갈 5:1**

예수님은 우리에게 자유를 주시면서 다시는 종의 멍에를 메지 말라고 하셨다. 그러려면 내가 누구인지 알아야 한다. 내가 누구인지 알지 못하면 마귀의 거짓말에 쉽게 속을 수밖에 없다. 마귀는 우리를 죄인, 못난 사람, 아무것도 하지 못하는 미련한 사람으로 취급하지만, 예수님을 믿는 사람은 더는 망가진 형상이 아니라 회복된 하나님의 형상으로 사는 사람이다.

나의 옛사람은 그리스도와 함께 죽어 이미 장사까지 다 치렀으며 나는 그리스도와 함께 부활하여 완전히 새사람이 되었다. 이 진리를 진정으로 깨달아야만 과거로부터 해방될 수 있다.

그러므로 이제 그리스도 예수 안에 있는 자에게는 결코 정죄함이 없나니 이는 그리스도 예수 안에 있는 생명의 성령의 법이 죄와 사망의 법에서 너를 해방하였음이라 **롬 8:1,2**

당신은 자유로운 존재가 되었다. 예수님이 죄와 사망의 법에서 당신을 해방하셨음을 믿고 하나님의 자녀답게 권세를 가져라. 죄와 사망의 법에 얽매이지 말고 자유를 누려라. 끈질기게 과거를 물고 넘어지며 당신의 옛사람을 자꾸 기억나게 하고 과거로 데려가려는 마귀의 속임수에 넘어가지 말라.

마귀가 속이려고 할 때마다 믿음으로 선포하며 대적하라.

"너 지금 무슨 소리 하냐? 네가 말하는 과거의 나는 이미 죽었고, 현재의 나는 예수 그리스도 안에서 새로 태어난 거 모르냐!"

"예수님의 공로로 나의 옛사람은 죽어 이미 장사 지냈고, 나는 주 안에서 새사람이 되었다! 이제 아무도 나를 정죄할 수 없다!"

나는 주님의 것

예수님은 나를 위해 내 모든 죄를 대신 지고 그 모든 수치와 고통을 참으며 십자가 위에서 죽으셨다. 그런데 정작 내가 그 더러운 죄와 과거의 상처를 다시 다 받아와서 내 어깨에 도로 짊어지면 되겠는가?

그럴 수 없느니라 죄에 대하여 죽은 우리가 어찌 그 가운데 더 살리요

롬 6:2

사망선고를 내리면 그것으로 죽음이 확정된다. 그러니 예수님이 옛사람에게 내리신 사망선고를 내 의지로 취소하여 되살리지 말라. 이미

사망한 옛사람을 부활시키지 말라.

우리가 알거니와 우리의 옛사람이 예수와 함께 십자가에 못 박힌 것은 죄의 몸이 죽어 다시는 우리가 죄에게 종노릇하지 아니하려 함이니 **롬 6:6**

나의 옛사람이 완전히 죽었는데, 예수님을 믿는 오늘의 나를 어떻게 괴롭힐 수 있겠는가. 당신은 새로운 피조물답게 새로운 인생을 살라. 또 다른 당신과 화해하고, 새로운 피조물인 당신을 받아들여 그에 어울리는 삶을 살길 바란다.

마귀는 당신의 과거를 기억해도, 하나님은 회개한 죄를 기억하지 않는다고 하셨다. 당신은 당신의 죄를 용서하지 못해도, 우리 주님은 일흔 번씩 일곱 번이라도 용서한다고 하셨다.

마귀는 당신의 과거에 관심이 있지만, 하나님은 당신의 미래에 관심을 두신다. 마귀는 과거의 당신이 어떤 사람이었는지를 떠올리게 하고 위축시키지만, 하나님은 장차 우리가 어떻게 될 사람들인지를 말씀하시며 꿈과 소망을 주신다.

여호와의 말씀이니라 너희를 향한 나의 생각을 내가 아나니 평안이요 재앙이 아니니라 너희에게 미래와 희망을 주는 것이니라 **렘 29:11**

그러니 마귀의 시선을 따라 살지 말고, 하나님의 시선을 따라 살라.

마귀가 속삭이는 말에 귀를 기울이지 말고, 하나님의 말씀에만 귀를 기울여라. 이제는 아무도 나를 정죄하지 못하고, 나를 함부로 대하지도 못하게 하라. 나는 이제 나의 것이 아니라 그리스도의 것이 되었다는 사실을 잊지 말라.

나는 내 것이 아니라 주님의 것이기에 아무리 나일지라도 함부로 정죄하고 평가절하해서는 안 된다. 예수님의 공로를 깎아내리는 것이 되기 때문이다. 내가 나를 인정하고 하나님의 자녀로 대우할 때 비로소 나 자신과 진정으로 화해할 수 있다.

남과 나 사이의 담을 허물어라

"그리스도와 함께 십자가에 못 박혔다"라는 사도 바울의 말은 진정으로 구원받았다면 십자가를 지고 살아가야 함을 의미한다. 예수님도 우리에게 자기 십자가를 지고 따르라고 하셨다.

이에 예수께서 제자들에게 이르시되 누구든지 나를 따라오려거든 자기를 부인하고 자기 십자가를 지고 나를 따를 것이니라 **마 16:24**

예수님도 예수님의 십자가를 지셨으니 예수님을 따르는 우리도 우리의 십자가를 져야 한다. 우리의 십자가는 내가 싫어하는 사람을 매달기 위한 것이 아니라, 남을 살리기 위해 내가 달려야 하는 사형틀이다. 아무 죄도 없으신 예수님이 나를 위해 십자가에 달리셨듯이 우리도 남을 살리기 위해 나 자신을 십자가에 매달아야 한다. 그래야 예수님이 지신 십자가와 우리가 지는 십자가의 용도가 같아진다.

구원받은 우리가 왜 십자가 앞에서 예수님을 생각하며 우는가? 십자가에 내가 달려야 했는데, 어째서 죄 없는 예수님이 달리셨느냐고, 목숨까지 내어주신 그 사랑이 고마워서가 아닌가. 십자가 사랑은 원수의 마음에 감동을 주고 사람의 마음을 돌이킨다. 그래서 십자가를 지면 관계가 회복된다.

가정이 살아나기를 원한다면 당신이 먼저 십자가를 져라. 당신이 십자가를 지면 가정에 천국이 시작된다. 십자가를 지신 예수님 덕분에 온 인류가 구원을 얻고 천국에 이른 것처럼 십자가를 지는 당신으로 인해 당신의 가정이 천국으로 이른다.

남이 십자가를 질 때를 기다리지 말자. 먼저 십자가를 지는 자가 승리하는 사람이다. '저 성질이 죽어야 하는데' 하면서 남을 탓하지 말자. 언제까지 변하지 않는 그 사람을 내 십자가에 억지로 매달고 성질이 죽기만을 기다리고 있을 것인가.

자식 이기는 부모가 없는 이유는 부모가 자식을 더 많이 사랑하기 때문이다. 그러니 먼저 믿은 당신이 십자가도 먼저 져라. 당신이 십자기를 지면 그때부터 가정에 천국이 시작되니, 그 길이 더 빠르지 않은가? 십자가의 은혜를 더 많이 깨닫고 한 번이라도 더 기도한 사람이 십자가를 지는 게 더 쉽지 않겠는가?

십자가를 진다는 말은 화해해야 할 상대방이 먼저 포기하고 사과하기를 기다리지 않고 내가 먼저 화해의 손길을 내미는 것이다. 먼저 죽으라. 자존심도 죽이고, 혈기도 죽이고, 서운한 마음과 상처도 죽이고, 죽어야 할 모든 것을 십자가 위에서 죽여라. 그러면 당신도 살고 가족도 산다. 당신이 가는 모든 곳이 살아나고 부활의 영광스러운 아침이 밝아올 것이다.

예수님이 자기를 십자가에 매단 사람들에 대해 "주여, 저들의 죄를 용서해주십시오. 저들은 자기가 하는 일을 알지 못해서 저렇게 하고 있습니다"라고 기도하며 용서를 선포하셨다. 우리가 용서를 구하기도 전에 잘못 없는 예수님이 십자가 위에서 먼저 용서의 손을 내미셨고, 그 용서가 우리를 살렸다.

그러니 우리도 화해해야 할 사람에게 먼저 마음을 열고 먼저 다가가자. 먼저 문자를 보내고, 먼저 밥 먹자고 하자. 먼저 웃고, 먼저 미안하다고 하자. 그것이 진정 예수의 길을 걷는 사람의 모습이며 관계의 담을 허무는 비법이다.

하나님께로 인도하는 표지판

헨리 나우웬은 그의 저서 《영혼의 양식》(Bread for the Jouney)에서 "우리의 부모님, 친구, 목사님, 배우자 그리고 자녀에게 때로는 실망을 느낄 수도 있으나 시간이 지나면 모두 하나님께로 가는 길에서 만난 도로 표지판이라는 것을 알게 된다"라고 했다.

나는 이 말에 공감한다. 믿었던 사람에게 실망하는 경험을 통해 한 번도 나를 실망시키지 않으신 하나님께 감사하게 되었고, 나를 참아주시고 용서해주신 하나님의 은혜가 얼마나 넓고 깊은지 깨달았기 때문이다. 나를 배신한 사람 때문에 내가 오히려 하나님을 더 신뢰할 수 있게 되었다면, 그 사람도 나를 하나님께로 인도하는 표지판의 역할을 한 것이다.

좋은 남편을 만났다면 좋은 남편을 주신 하나님께 감사하고 나쁜 남편을 만났다면 내 소망은 오직 하나님께 있음을 고백하며 감사하라. 좋은 남편은 내가 하나님께 가까이 가도록 도왔으니 표지판 역할을 한 것이고 나쁜 남편도 내가 하나님께 더 기도하게 만들었으니 표지판 역할을 한 것이다.

이제는 당신을 힘들게 했던 그 사람을 용서하고 놓아주어야 할 때가 되었다. 내게 상처를 준 사람 때문에 더 많이 기도하게 되었고, 나를 힘들게 한 사람 때문에 십자가 앞에 더 가까이 나아가게 되었다면 '아, 그 사람이 나를 하나님께로 인도하는 표지판 역할을 했구나' 하고 그들을 용서하고 품어주어라.

* * *

하나님과 나 사이를 가로막는 담이 허물어져서 그분의 능력이 내게 들어오면 나를 진실로 받아들이고 사랑하게 되고, 내면이 건강해지고 힘이 생기면 자연히 남을 품어줄 힘도 생긴다.

하지만 하나님과 나 사이의 담이 그대로 있으면 내면은 점점 약해져 결국 자신과 남을 품어줄 힘을 잃게 된다. 내면이 상처투성이인 사람은 담을 허물 수 없다. 용서와 화해도 내면이 건강하고 힘이 있어야 가능하다. 그리스도 안에서 새사람이 되었을 때 내면이 건강해지고 남에게 화해의 손길도 내밀 수 있다.

내면의 힘은 내게서 나오는 게 아니라 하늘에서 공급된다. 하나님께 공급받은 그 힘으로 먼저 나를 바꾸고 하나님의 자녀로서 건강한 정체성을 가져야 비로소 남을 용서하는 데까지 나아갈 수 있다.

화목제물로 오신 예수님을 의지하여 앞을 가로막는 모든 관계의 산을 무너뜨리라. 화목제물인 예수님을 마음에 모시면 그 안에서 자연스럽게 화목의 성품이 흘러나올 것이다.

당신에게서 예수님의 성품이 흘러나와 남을 진정으로 용서하고 사랑할 때, 막힌 담이 허물어지고 높았던 관계의 산이 무너지는 역사가 일어날 것이다.

Part 2

큰 산을 옮기라

마태복음 6장 24,33,34절

24 한 사람이 두 주인을 섬기지 못할 것이니 혹 이를 미워하고 저를 사랑하거나 혹 이를 중히 여기고 저를 경히 여김이라 너희가 하나님과 재물을 겸하여 섬기지 못하느니라 33 그런즉 너희는 먼저 그의 나라와 그의 의를 구하라 그리하면 이 모든 것을 너희에게 더하시리라 34 그러므로 내일 일을 위하여 염려하지 말라 내일 일은 내일이 염려할 것이요 한 날의 괴로움은 그 날로 족하니라

경제의 산을 옮기라

하나님의 라이벌, 재물

사람은 걱정하면서 살아가는 존재다. 나이가 들면 건강을 걱정하고 부모님이 연로하시면 부모님을 걱정한다. 자식이 생기면 자식을 걱정하고 자식이 자식을 낳으면 그 자식까지 걱정한다.

대부분의 걱정은 특정한 시기에 시작되었다가 그 시기가 지나면 끝난다. 그런데 일평생 계속하는 걱정이 있다. 바로 돈 걱정이다.

돈 걱정은 태어나서부터 죽을 때까지 평생토록 하는 걱정이다. 돈 걱정은 어려서도 하고 늙어서도 한다. 아이들이 무슨 돈 걱정이냐고 반문할 수도 있겠지만 아이들도 원하는 물건을 사기 위해 돈 걱정을 한다.

돈은 아이부터 노인까지 모두 좋아한다. 그렇기에 돈이 있으면 웃고 돈이 없으면 운다. 사람의 희로애락을 쥐고 흔드는 것이 바로 돈인 것이다.

놀랍게도 성경은 하나님에 버금가는 존재를 마귀라고 하지 않고

'돈'이라고 한다. 마태복음 6장 24절에서도 하나님과 마귀를 겸하여 섬길 수 없다고 하지 않고, "…너희가 하나님과 재물을 겸하여 섬기지 못하느니라"라고 말씀하고 있다.

이처럼 하나님의 가장 강력한 라이벌은 재물이다. 많은 사람이 하나님 위에 재물을 두고 하나님을 이용해서 재물을 얻으려고 하기 때문이다.

하나님을 믿는 사람도 마찬가지다. 하나님을 믿는 이유를 물어보면, 겉으로 대놓고 답하지는 못해도 재물의 축복을 받기 위해서인 경우가 많다. 하나님을 위해서 재물을 구하는 기도보다 나를 위해서 재물을 구하는 기도가 더 많은 이유도 여기에 있다.

하나님보다 돈이 더 중요하기 때문에 "하나님, 제가 믿어드렸잖아요. 헌금했잖아요. 바쁜데도 주일성수 지켰잖아요. 그러니까 부자가 되게 해주세요" 하면서 재물을 하나님보다 높이 두고 우상으로 섬긴다.

그렇다면 하나님의 강력한 맞수인 이 재물은 나쁜 것일까? 그렇지 않다. 성경 어디에도 영적인 것만 유익하고 재물은 악하다고 표현하지 않는다.

오히려 성경은 하나님께서 창조하신 세상의 모든 것이 귀하고 아름답다고 하였고, 하나님은 우리에게 그것을 잘 다스리고 관리하여 생육하고 번성하라고 명령하셨다.

재물 자체가 나쁜 게 아니라 재물을 잘못 사용하는 것이 나쁘다.

그래서 성경은 이 재물을 어떻게 다스리고 어떻게 관리하느냐에 따라서 하나님께서 이 재물을 우리에게 맡겨주시기도 하고 가져가시기도 한다고 말한다.

예수님도 이 땅에 오셔서 육신의 필요를 채워주셨다. 사람이 빵으로 사는 것이 아니라고 말씀하시지 않고 빵으로'만' 사는 것이 아니라고 말씀하시며, 가난한 자에게 먹을 것을 주시고 약한 자에게 강함을 주시며 영육의 필요를 모두 채워주셨다.

예수님은 성경을 통해 우리가 재물 앞에서 어떤 자세를 취해야 하는지를 분명하게 알려주셨다. 예수님이 가르쳐주신 재정 원칙을 지키지 않으면 하나님께서 재물을 가져가신다. 하나님보다 높아진 것은 하나님께서 다 거두어 가시기 때문이다.

이번 장에서는 우리 앞에 태산처럼 높은 경제의 산을 어떻게 옮겨야 평지가 되는지를 설명하고자 한다. 이번 장에서 설명하는 재정 원칙을 잘 숙지하여 당신 앞을 가로막는 경제의 산을 반드시 옮기길 바란다.

재물의 서열을 정확히 기억하라

경제의 산을 옮기기 위해 우리가 가져야 할 첫 번째 재정 원칙은 물질의 서열을 분명히 아는 것이다. 재물에 서열이 있다. 이 서열을 아는 것은 물질을 대할 때 가장 중요한 태도다.

한 사람이 두 주인을 섬기지 못할 것이니 혹 이를 미워하고 저를 사랑하거나 혹 이를 중히 여기고 저를 경히 여김이라 너희가 하나님과 재물을 겸하여 섬기지 못하느니라 **마 6:24**

두 사람이 한 주인을 섬길 수는 있어도, 한 사람이 두 주인을 섬길 수는 없다. 한 사람이 재물과 하나님을 동시에 주인으로 섬길 수 없다. 우리의 주인은 오직 하나님 한 분이시다. 그렇다면 여기서 서열을 생각해보자. 맨 위에 누가 계신가? 우리의 주인 되신 하나님이 계신다.

문제는 두 번째다. 하나님과 재물을 겸하여 섬길 수 없다고 하니까 하나님이 맨 위, 그다음은 재물, 그다음이 나라고 생각하기 쉬운데 서열 정리를 정확히 하자. 이게 올바른 서열이다.

하나님

나

재물

재물은 내가 다스리고 명령해야 하는 종이다. 하나님 - 나 - 물질의 서열이 제대로 잡히지 않고 서열이 헷갈리면 물질을 우상화하고 물질의 노예가 되어 섬기게 된다.

하나님은 만물을 창조하시고 사람을 지으시되 으뜸으로 지으셨다.

모든 만물을 짓고 난 뒤에 하나님의 형상으로 우리를 지으시고 만물을 다스리는 자로 세우셨다. 그리고 나서 그들에게 최초의 명령을 내리시는데 이것을 문화명령이라고 한다.

> 하나님이 그들에게 복을 주시며 하나님이 그들에게 이르시되 생육하고 번성하여 땅에 충만하라, 땅을 정복하라, 바다의 물고기와 하늘의 새와 땅에 움직이는 모든 생물을 다스리라 하시니라 **창 1:28**

사람에게 바다의 물고기와 하늘의 새와 땅에 움직이는 모든 생물을 다스리라고 하셨다. 여기에는 재물이 포함되어 있다. 지금은 '돈'이 있지만 화폐 제도가 생기기 전에는 물고기, 새, 땅의 모든 동식물이 다 사람의 재산이요 재물이었다. 하나님은 그 모든 것을 인간에게 맡기며 이들을 정복하고 다스리라고 하셨다.

우리가 재물을 종으로 다루고 심부름시키고 호령하고 다스릴 줄 알아야지, 재물이 우리를 다스려서는 안 된다. 재물 때문에 염려하고 근심하는 것은 재물이 주인 노릇을 하는 것이다.

이 물질이 얼마나 하나님과 우리 사이를 갈라놓으며 주인 노릇을 하는지 모른다. 재물의 다스림을 받는 사람은 돈이 시키는 대로 감정이 오르내린다. 재물이 있으면 기뻐하고 없으면 염려하고 슬퍼한다. 재물이 있으면 교만해지고 없으면 하나님을 원망하고 떠나간다.

하나님은 하나님의 자녀요 종이요 청지기인 내게 재물을 맡겨주셔서 다스리게 하셨다. 하나님의 자녀에게 섬길 대상은 오직 하나님밖에 없다. 믿음의 사람 앞에 하나님과 재물이 있는 게 아니다. 그는 한 손에는 재물, 한 손에는 하나님을 잡고서 어느 것을 택할지 고민하지 않는다. 확실히 서열을 정하여 발밑에는 재물을 밟고, 머리 위에는 하나님을 모시고 오직 하나님만 섬긴다.

돈을 부릴 줄 아는 사람

가만히 보면 선교헌금을 보내고, 장학금을 헌금하고, 전도와 선교에 써달라고 헌금하는 분들이 다 형편이 넉넉한 건 아니다. 그런데 공통점이 있다면 다 물질을 다스릴 줄 안다는 것이다.

내 물질을 가지고 내가 마음대로 할 수 있는 사람이 물질을 다스리는 사람이다. 그들은 돈이 많든 적든 상관없이, 있는 돈에게 명령하여 일을 시킬 줄 아는 사람이다.

"재물아, 너는 저 아프리카 우간다로 가서 우물이 되어라."

"돈아, 너는 중앙아시아로 가서 성전 건축의 벽돌이 되어라."

나는 오늘 직장이 있고 출근해 돈을 벌어야 하기 때문에 내 몸은 거기 못 가지만 대신 내 돈을 심부름시켜서 세계 곳곳의 선교지에서 주의 일을 하게 한다.

가난해도 돈을 호령하면서 하나님이 기뻐하시는 곳으로 심부름 보내는 사람이 있고, 재산이 많은 부자면서도 돈의 노예가 되어 돈을 의지하는 사람도 있다. 물질의 종이 된 사람은 돈을 쓰려고 할 때 "야, 이 돈이 네 손에서 나가면 너 못 살아"라는 물질의 협박에 겁먹고 천 원짜리 한 장 쓰는 데도 벌벌 떤다.

하나님의 눈에 누가 진짜 부자일까? 하나님은 많이 가지고도 떠는 사람과 적게 가지고도 돈을 다스리는 사람 중 누구에게 돈을 맡기고 싶으실까? 당연히 후자의 청지기 쪽이다. 많이 맡겨줬는데도 "못 한다. 없을 때를 대비하자"라며 꼭꼭 묻어두면 "응, 너는 거기까지" 하고 더는 맡기지 않으신다.

물질을 발밑에 두고 주를 위해 사용하는 데 겁을 내지 않는 성도는 돈이 많아 먹고살 걱정이 없어서 여유 부리는 게 아니다. 위에서 하나님이 보고 계신다는 것을 분명히 알기 때문이며 이 말씀을 믿고 그 지혜를 깨달았기 때문이다.

너는 네 떡을 물 위에 던져라 여러 날 후에 도로 찾으리라 **전 11:1**

지금 주를 위해 흘려보내는 돈이 나중에 필요할 때 다시 몇 배가 되어 돌아온다는 성경의 약속을 믿는다면, 오늘 내게 한 줄밖에 없는 떡이라도 물 위에 떠내려가면서 배고픈 사람을 먹이도록 미련 없이 던질 수 있다.

돈은 돈다고 돈이다. 지금 주님을 위해 흘려보낸 돈은 돌고 돌다가 자기 사명을 다 마치고는 몇 배가 되어 다시 내게로 돌아온다. 내

머리 위에 계신 주인 되신 하나님께서 반드시 그렇게 해주실 것을 믿을 때 믿음의 담력이 생긴다.

가난한 자를 불쌍히 여기는 것은 여호와께 꾸어드리는 것이니 그의 선행을 그에게 갚아 주시리라 **잠 19:17**

가난한 사람을 보고 '나도 돈 없는데 누굴 도와' 하면서 외면하기 쉬운데, 그를 그냥 돌려보내지 않고 내 곁에 오신 하나님이라고 생각하며 돕는 것을 성경은 "여호와께 꾸어드리는 것"이라고 한다. 얼마나 멋진 표현인가.

하나님께 많이 꾸어드리자. 요즘 은행 금리가 얼마 되지도 않는데 하나님나라의 금리는 엄청 높다. 하나님께 꾸어드리면 하나님이 그의 선행을 그에게 반드시 갚아주신다는 믿음이 있는 자만이 물질의 종이 되지 않고 물질을 다스릴 수 있다.

하나님의 돌보심을 기억하라

물질을 사용할 때, 특히 경제적 어려움이 있을 때 우리가 하나님의 자녀인 것을 잊으면 안 된다. 물건은 쓰다가 용도를 다하면 버리고 새 것을 사지만, 자녀는 버리는 물건이 아니다. 하나님은 그분의 자녀를 특별히 대하신다. 돌보시고, 고쳐 쓰시고, 하나님께서 자존심 걸고 지켜주시고, 배고플 때 먹여주신다.

돈이 없어서 '이제 끝났네, 앞으로 어떻게 살지' 싶을 때 '아, 내가 하나님 자녀지! 하나님께서 날 돌보시지' 하고 하나님의 돌보심을 기억해야 돈 앞에서 두려워 떨지 않는다.

내 눈앞에 보이지 않는다고 돈이 없는 것이 아니다. 내가 하나님의 자녀인데 하나님께서 어련히 알아서 하시겠는가. 예수님도 친히 "하물며 너희일까 보냐"라고 말씀하셨다.

오늘 있다가 내일 아궁이에 던져지는 들풀도 하나님이 이렇게 입히시거든 하물며 너희일까보냐 믿음이 적은 자들아 그러므로 염려하여 이르기를 무엇을 먹을까 무엇을 마실까 무엇을 입을까 하지 말라 이는 다 이방인들이 구하는 것이라 너희 하늘 아버지께서 이 모든 것이 너희에게 있어야 할 줄을 아시느니라 **마 6:30-32**

천지를 창조하고 우리를 으뜸으로 만드신 하나님께서 무엇을 속상해하시는지 아는가? 천지 만물은 하나님께 고마워하며 염려하지 않고 살아가는데 하나님의 자녀가 지금 걱정을 해서 얼굴이 죽상인 것을 너무도 안타까워하신다.

새가 날아가면서 당신에게 말하고 있다.

"너는 좋겠다. 너는 하나님의 자녀가 아니냐. 하나님이 오늘도 날 먹이셨는데, 너를 나 같은 새하고 비교하겠니?"

들의 꽃이 손을 흔들며 말한다.

"너는 좋겠다. 하나님이 나 같은 들꽃도 돌보시는데, 너는 얼마나 더 돌보시겠니."

당신이 어떤 존재인지를 알려면 지금 눈을 들고 우리보다 훨씬 못한 천지 만물이 어떻게 하나님을 찬양하는지를 봐야 한다. 하늘이 하나님의 영광을 선포하고, 넓은 바다가 하나님의 위대하심을 노래한다. 깊은 계곡이 하나님을 선포하고, 높은 산이 하나님을 향해 예배한다. 이것을 온 천지 만물은 다 알고 부러워하는데, 정작 당사자인 인간만 몰라서 염려하며 울고 있다.

미래가 두려우면 과거를 보라. 절대로 못 넘을 것 같았던 산들도 다 넘어서 오늘 이곳까지 오지 않았는가. 하나님께서 다 넘어오게 하지 않으셨는가?

지옥 같은 고3 시절도 다 지나고, 감옥 같던 군대도 제대하고, 세상 끝난 것 같던 IMF도 지나왔고, 결혼하는 날부터 안 맞아 티격태격하며 하루도 못 살 것 같던 결혼생활도 적응해서 이제는 살만하고, 세상을 다 멈추어버린 코로나도 뚫고 지나와 지금에 이르렀다.

살아갈 날이 두려울 때 살아온 날을 돌아보면, 하나님께서 다 먹이고 입히며 우리를 업고 이곳까지 오게 하셨음을 고백할 수밖에 없다.

경제 원칙을 바꿔라

세 번째로, 내가 지금까지 물질을 가지고 살아왔던 방식으로 잘 안 됐다면 이제는 한번 바꿔볼 것을 권한다.

주님은 성경을 통해, 믿음의 사람이 물질을 가지고 쓸 때의 경제 원칙을 분명하게 가르쳐주셨다. 그렇게 살아온 사람은 앞으로도 그렇게 살면 되고, 솔직히 그러지 못했다면 여기서 경제 원칙을 제대로 배워서 오늘부터라도 그렇게 살아보자. 그 원칙은 바로 이것이다.

> 그런즉 너희는 먼저 그의 나라와 그의 의를 구하라 그리하면 이 모든 것을 너희에게 더하시리라 **마 6:33**

우리가 "넉넉해지면 주님 일 하겠다", "여유가 생기면 제대로 헌금 하겠다"라며 순서를 바꿔놓고 살아왔지만 그런 날이 오던가? 그렇게 살아보니까 안 되지 않았는가. 그러니까 주님이 말씀하시는 것이다. 먼저 그분의 나라와 그의 의를 위해서 그 나라가 확장되는 것에 더 큰 관심을 가지라고.

지금까지 돈을 버는 목적이 나의 나라를 확장하는 것이었다면, 이제는 원칙을 바꾸어 하나님의 나라와 영광을 위해 기업을 경영하고 수입을 사용하라. 이것만큼 확실하게 하나님의 돌보심을 보증하는 것은 없다.

경영의 목적이 완전히 하나님의 나라로 세워진 사람이 있다. 그들은 가게나 회사를 운영해도 하나님나라의 유익과 확장이 더 큰 목적이고, 하나님의 영광을 위해 사용하고자 열심히 돈을 모으는 중이라고 말한다.

반면 사업을 시작해도 시작하자마자 2호점 내는 것이 목표이고, 열심히 직장 생활을 하는 이유가 빠른 승진과 자기 지경을 넓히는 데 있는 사람이 있다. 내 나라를 확장하는 데 몰두해서는 앞으로도 소망이 없다. 안 된다는 것을 이미 수도 없이 경험하지 않았는가? 2호점, 3호점 계획을 세우지 말라는 것이 아니라 자기 힘으로 하지 말라는 것이다.

하나님은 "우리 가운데서 역사하시는 능력대로 우리가 구하거나 생각하는 모든 것에 더 넘치도록 능히 하실 이"(엡 3:20)시다. 이 "모든 것" 안에 무엇이 어떤 방식으로 얼마만큼 들어가 있는지는 모르지만, 하나님나라와 그의 의를 먼저 구하면 주님이 분명히 이 모든 것을 우리에게 더해주신다고 했으니 이참에 제대로 경제 원칙을 세우고 말씀대로 살아보자.

지금 경제적인 문제, 물질의 문제로 극심한 고난의 터널을 지나고 있다면, 당신의 방향을 완전히 새롭게 바꾸어보라.

"이제 내가 돈 벌고 회사를 운영하고 직장에서 일하는 목적은 승진도 아니고, 2호점도 아니고, 주식회사로 상장되는 것도 아니고, 하나님의 영광과 하나님나라를 확장하는 데 사용하기 위함이다."

그리고 회사의 경영 방식과 재정적 원칙도 그것에 맞게 다 바꾸어

보라. 그리하면 이 모든 것을 더하신다고 했으니 시간이 지나고 돌아볼 때 내 계획보다 더 지경이 넓어져 있고 2호점, 3호점 내 노력으로 안 해도 그곳에 가 있게 하실 주님의 약속을 믿고 한번 그렇게 살아보자.

이제 다시 시작하는 경제 원칙

돈 문제는 평생 우리를 따라다니는데 언제까지 돈에 끌려다니고 돈 때문에 걱정하고 돈 있으면 웃다가 돈 없으면 울면서 돈의 종노릇을 할 것인가?

염려만 하고 있을 때가 아니다. 원칙을 세우고 다시 시작해야 한다. 경제적인 어려움 앞에서 두려워 떨기만 할 게 아니라 성경의 가르침대로 다시 시작할 때다. 그 산이 깎여 평지가 될 때까지, 예수님이 말씀하신 그 산을 옮기는 방법을 실천해야 한다.

1. 물질과 하나님을 겸하여 섬기지 말고, 하나님을 주인 삼고 물질은 부리고 다스려라

내 위로는 하나님 한 분밖에 없고 물질은 내 발밑에 있다. 물질이 적을 때부터 연습하라. 적을 때도 심부름시키고 많을 때도 심부름을 시키는 청지기요 관리인이요 주인이 되어라.

2. 하나님께서 자녀는 반드시 돌봐주신다는 사실을 기억하라

앞이 막막해져서 어떻게 살까 두려워하는 그 마음 앞에서 당신이 하나님의 자녀인 것을 반드시 기억하라. 자연을 보면서도 그것을 기억하여 안심하고 하나님의 자녀다운 당당함을 가지고 살라.

3. 성경적 경제 원칙을 세우고 하나님나라의 확장에 힘써라

하나님께서 돌보시는 정도가 아니라 부어주시는 은혜를 경험하려면, 하나님의 영광을 위해 경제 원칙의 궤도를 완전히 새롭게 수정하고 하나님의 영광과 하나님의 나라를 확장하는 일에 그 목적을 두고 실천하며 살아가길 바란다.

'내 나라' 아닌 '주의 나라'를 먼저 생각하며 확장하고 나아갈 때 이 모든 것을 너에게 더하시리라는 약속은 일점일획도 오류가 없는 진리이신 예수님의 말씀이다. 그러니 그대로 될 줄 믿으며 나아가면 그 높았던 경제의 산도 우리 앞에 흔들리다가 평지가 될 줄 믿는다.

마가복음 5장 34절

예수께서 이르시되 딸아 네 믿음이 너를 구원하였으니 평안히 가라 네 병에서 놓여 건강할지어다

질병의 산을 옮기라

성경 속 병의 원인과 해결 방안

사람은 왜 병에 걸리는 것일까? 근본적인 이유는 원죄 때문이다. 원죄 때문에 병이 세상에 들어왔다. 인간이 하나님의 명령에 불순종하지 않고 에덴동산에서 계속 살았다면 병에 걸리지 않았을 것이다. 죄 때문에 하나님과 분리되면서부터 인간에게 '사망'이라는 가장 큰 병과 사망에 이르게 하는 작은 질병들, 육체와 정신을 괴롭히는 여러 질환이 생겼다.

따라서 하나님과 우리 사이를 갈라놓은 죄의 문제를 해결해야 한다. 죄의 문제를 해결하면 가장 큰 질병인 사망과 사망에 이르게 하는 여러 가지 병에서 자유함을 얻기 때문이다.

예수님이 이 땅에 오신 이유도 우리에게 자유를 주시기 위함이었다. 이사야서 53장은 예수님이 구원의 십자가를 지실 때의 역사를 이렇게 기록했다.

그는 실로 우리의 질고를 지고 우리의 슬픔을 당하였거늘 우리는 생각하기를 그는 징벌을 받아 하나님께 맞으며 고난을 당한다 하였노라 그가 찔림은 우리의 허물 때문이요 그가 상함은 우리의 죄악 때문이라 그가 징계를 받으므로 우리는 평화를 누리고 그가 채찍에 맞으므로 우리는 나음을 받았도다 사 53:4,5

예수님이 십자가에 달리셔서 하나님과 우리 사이를 갈라놓았던 죄가 해결되었고, 그분이 우리의 질병과 고통을 짊어지셔서 우리가 치유되었다. 또한 그분이 우리를 아프게 하는 채찍을 대신 맞으심으로 우리가 나음을 입게 되었다.

예수님은 십자가에서 이 모든 일을 다 이루셨다. 그렇기에 우리가 예수님을 믿으면 하나님과 우리 사이를 가로막고 있던 원죄가 사라지고, 그 원죄 때문에 생긴 가장 큰 병인 '죽음'의 문제도 믿는 자들에게 주신 '영생'으로 해결된다.

그렇다면 이 세상에서 우리가 겪는 고통스러운 병은 어떻게 해결할 수 있을까? 이 장에서는 성경에 나타난 여러 가지 병의 원인과 해결 방안을 함께 찾아보려고 한다.

성경에 나오는 병은 하나로 설명할 수 없고 다양한 이유가 있기에 이 장에서는 여러 가지 원인을 여섯 가지로 간략히 정리하여 나열할 것이다. 잘 읽고 당신에게 해당하는 부분에서 응답받길 바란다. 부디 이 책을 읽는 중에 당신 앞을 가로막는 질병의 산이 옮겨지고 평지가 되기를 소망한다.

성경이 금한 죄를 지어서 생기는 병

모든 병이 다 그런 것은 아니지만, 죄를 지어서 생기는 병이 있다. 원죄뿐만 아니라 우리가 일상에서 하나님의 말씀에 불순종한 자범죄도 병을 만든다.

베데스다 연못에서 38년 동안 누워만 살던 사람이 예수님에게 치료받은 후 걷고 뛰면서 성전 안으로 들어갔다. 그 오랜 시간 성전 앞 미문에 누워 성전으로 들어가는 사람들을 보면서 얼마나 부러웠겠는가. 그래서 낫자마자 제일 먼저 한 일이 성전으로 들어가는 것이었다. 그런 그에게 예수님이 말씀하셨다.

그 후에 예수께서 성전에서 그 사람을 만나 이르시되 보라 네가 나았으니 더 심한 것이 생기지 않게 다시는 죄를 범하지 말라 하시니 **요 5:14**

"네가 죄를 지으면 지금보다 더 심한 병에 걸릴 수도 있으니 항상 성전에서 하나님께 예배하는 사람으로 살려면 성경이 금한 죄를 짓지 말라"라고 당부하신 것이다.

이는 곧 성경이 금하는 죄를 지으면 병에 걸린다는 말씀이다. 그러한 병은 그 사람의 불순종으로 얻은 심판의 결과일 수도 있고, 다시는 그 죄를 범하지 않게 하시려는 하나님의 경고일 수도 있으며, 혹은 그 사람을 정신 차리게 하시려고 하나님께서 내리친 채찍일 수도 있다.

그 병은 성경에서 금하는 것을 어겨서 생긴 병이므로 회개해야 낫는다. 하나님의 말씀에 불순종하여 병을 얻었는데도 회개하지 않고 그저 낫게 해달라고만 기도하면 치유는 일어나지 않는다. 철저한 회개를 통해 고침을 받는 질병이기 때문이다.

병을 낫게 해달라고 40일을 철야하고 금식한다고 해서 다 해결되는 게 아니다. 남들은 몰라도 자신은 알고 있다면, 그 죄를 회개하고 다시는 죄를 범하지 않아야 비로소 치유가 시작된다.

"하나님, 제가 하나님의 말씀대로 살지 못했습니다. 알면서도 죄를 짓고 불순종하여 이런 병이 생겼습니다. 하나님 앞에 무릎 꿇고 눈물로 회개하오니 저를 불쌍히 여겨 치료해주세요"라고 철저히 회개할 때 그 회개와 함께 치료의 역사가 일어난다.

흡연으로 폐가 망가진 사람이 담배를 계속 피우면서 낫게 해달라고 기도한다면 그 기도가 응답되겠는가? 술을 너무 마셔서 간이 나빠진 사람이 여전히 술을 마시면서 고쳐달라고 기도하면 치유의 역사가 일어나겠는가? 음란의 죄를 저질러서 그 사람의 몸을 붙잡아 놓기 위해 하나님께서 병을 주셨다면, 그 음란을 회개하고 고쳐야 병에서 벗어날 수 있다.

하나님의 축복을 우습게 여기고, 내 힘으로 열심히 살면 된다고 생각하는가? 자기 몸을 의지하면서 하나님의 말씀을 하찮게 여기는 사람에게는 하나님께서 그 사람의 몸을 병으로 묶어서 모든 것이 하나님의 은혜로 살아왔음을 가르치실 것이다.

이것을 철저히 깨닫고 하나님이 아닌 나의 육신을 의지하고 살아왔던 삶을 회개하기까지는 하나님께서 육체적으로 경제활동을 못 하게 하실 수도 있다.

마음의 병도 마찬가지다. 성경은 원수를 원수로 갚지 말라고 하였는데 내가 그 말씀을 어기고 분노와 복수를 마음에 품으니, 화병이 생기고 혈압이 올라가게 되는 것이다.

당신의 병이 회개해야 치유되는 병에 해당한다면, 지금 바로 회개를 시작하라. 회개에 해당하는 헬라어 '메타노이아'는 '돌이킴, 돌아섬'이라는 뜻이다. 회개란 내 죄를 하나님 앞에 아뢰고, 말로만 "잘못했습니다" 하고 끝나는 것이 아니라 철저히 돌이켜서 다시는 같은 죄를 범하지 않는 것이다. 내 삶에서 변화된 행동으로 증명하는 것이 회개의 완성이다.

하나님께 삶으로 회개의 증거를 보여드리며 "하나님, 저를 불쌍히 여겨 치료해주세요" 하고 회개를 동반하여 치료를 간구할 때 비로소 그 기도가 응답된다.

잘못된 습관 때문에 생기는 병

몸을 망치는 잘못된 습관 때문에 병에 걸리기도 한다. 습관 중에는 병을 낫게 하는 습관이 있고 병을 부르는 습관이 있다.

예를 들어, 어떤 일을 만나도 충동적으로 행동하지 않고 쉽게 화내지 않는 습관은 병을 낫게 하는 습관이다. 항상 감사하는 습관은 어떤 일을 만나도 건강하게 해석하고 작은 일에도 기뻐하는 마음을 갖게 하기에 병이 낫는 습관이다. 음식을 천천히 먹는 습관이나 과식하지 않는 습관 등도 주님이 주신 몸을 잘 다스려 병이 낫는 습관이라고 할 수 있다.

반대로 짜게 먹는 습관, 많이 먹는 습관, 급하게 먹는 습관, 불량식품만 찾는 습관, 밤늦게 먹는 습관, 밥 먹고 바로 드러눕는 습관, 작은 일에도 근심하는 습관, 쉽게 화내는 습관, 몸을 함부로 대하는 습관 등은 병을 부르는 습관이다.

예수님을 잘 믿는 사람도 잘못된 습관이 있으면 병을 얻게 된다. 오히려 주의 일을 더 열심히 하려는 마음에 자기 몸을 혹사하고 잘못된 습관을 갖게 되기도 한다.

목회자도 마찬가지다. 설교를 미리 준비하는 습관을 들여서 설교 준비에 지나친 스트레스를 받지 않게 해야 하는데, 토요일 밤에야 비로소 성령이 임하는 목회자가 종종 있다. 토요일 밤을 꼬박 새우고 피곤한 상태로 주일설교를 하는 것은 몸이 망가지는 습관이다. 이런 경우는 필연 병을 얻게 되어 있다.

에베소교회에서 목회한 디모데도 연소한 나이에 중요한 직책을 맡았다는 중압감과 근심하는 습관 때문에 위장병으로 고생했다. 하나님의 일을 하다가 얻은 영광의 상처요 영광의 면류관이라고 할 수도 있겠지만, 하나님께서 기뻐하시는 습관은 아니다.

당신에게도 잘못된 습관이 있다면, 그 습관을 고쳐서 병이 낫길 바란다. 병이 낫기를 기도할 때 "네 습관을 고치면 된단다"라는 하나님의 응답도 있다. 그러니 왜 나에게 병이 찾아왔는지 하나님께 묻고 따지기 전에 당신의 습관을 먼저 돌아보라.

성령 충만할 때 좋은 습관을 얻을 수 있다. 성령 충만하다는 것은 하나님께서 내게 원하시는 그 마음의 감동을 알아듣는다는 뜻이며 이는 곧 성령님의 말씀에 순종할 힘이 생긴다는 의미다.

성령 충만하여 성령님이 주시는 음성을 잘 듣고 순종하면 좋은 습관을 얻게 되기에 자연스럽게 몸도 건강해지고, 성령님이 연약한 나를 도우시기 때문에 힘든 일도 힘들지 않게 된다.

잘 시간이 넘도록 안 자고 있으면 성령님은 "이제 자거라" 말씀하신다. 안 먹어도 되는 시간에 라면 물 끓이고 있으면 성령님은 "가스불 꺼라" 말씀하신다. 소파에서 뒹굴며 시간을 낭비하고 있으면 성령님은 "나가서 30분 걷고 와라" 말씀하신다.

성령이 충만할 때 내 몸에 유익한 음성이 들리고, 그 음성이 들렸을 때 "예" 하고 순종하는 능력도 생기기 때문에 좋은 습관을 지니려면 성령 충만한 상태를 유지하는 것이 중요하다. 그래야 우리 몸을 하나님 앞에 거룩하게 드릴 수 있다. 하나님 앞에 우리 몸을 향기로운 제물로 올려드리려면 몸이 건강하고 깨끗한 상태가 되어야 하지 않겠는가?

그러므로 형제들아 내가 하나님의 모든 자비하심으로 너희를 권하노니 너희 몸을 하나님이 기뻐하시는 거룩한 산 제물로 드리라 이는 너희가 드릴 영적 예배니라 롬 12:1

너희는 너희가 하나님의 성전인 것과 하나님의 성령이 너희 안에 계시는 것을 알지 못하느냐 누구든지 하나님의 성전을 더럽히면 하나님이 그 사람을 멸하시리라 하나님의 성전은 거룩하니 너희도 그러하니라
고전 3:16,17

잘못된 습관에서 좋은 습관으로 전환되면 치유가 일어난다. 좋은 습관을 갖는 것만으로도 몸에 생기는 많은 질병이 사라지니 늘 좋은 습관으로 우리 몸을 거룩하고 깨끗한 성전으로 만들자.

귀신이 들려서 생기는 병
세 번째로, 모든 병의 원인이 귀신 때문인 것은 아니지만 귀신이 들려서 생기는 병도 있다. 복음서를 보면 예수님이 고치신 병 중에 가장

많은 병이 귀신 들려서 생긴 병이었다.

> 그때에 귀신 들려 눈멀고 말 못 하는 사람을 데리고 왔거늘 예수께서
> 고쳐주시매 그 말 못 하는 사람이 말하며 보게 된지라 **마 12:22**

아담과 하와가 죄를 짓고 에덴동산에서 쫓겨났을 때 마귀는 인간의 주인 행세를 했다. 마치 자기가 온 땅의 신인 것처럼 이곳저곳에서 활동하면서 사람들을 두렵게 만들고, 병에 걸리게 하고, 저주가 생기게 했다.

그런데 예수님이 이 땅에 오시자, 마귀의 세계가 떨기 시작했다. 예수님은 갈릴리와 두로와 시돈, 예루살렘과 사마리아와 요단 동편 등 지역을 가리지 않고 마귀와 귀신에 눌린 자들을 찾아다니셨다.

그러자 마귀의 세상에 비상등이 켜졌다. 아무리 사람 속에 숨으려고 해도 예수님 앞에만 서면 귀신들이 소리를 지르고 두려움에 떨었고, 군대만큼 많던 귀신도 예수님 앞에서는 벌벌 떨면서 쫓겨 나갔다. 앞 못 보던 자가 눈을 뜨고, 듣지 못하던 자가 듣게 되며, 걷지 못하던 자가 걷는 등 모든 병이 치유되었다.

"나사렛 예수 이름으로 명하노니 귀신은 떠나가라!"라고 명령하기만 하면 귀신이 떠나가고 귀신이 가져온 병이 나았다. 예수님의 이름 앞에 귀신은 떠나가게 되어 있기 때문이다.

예수님의 이름에 능력이 있다. 예수님의 이름이 선포되는 곳에서

귀신은 쫓겨 나가고 치료의 역사가 일어난다. 당신의 질병이 귀신과 연관되어 있다면 예수님의 이름으로 명하여 쫓아내라. 귀신들이 쫓겨 떠나갈 때 귀신들이 가져왔던 병도 함께 떠나간다.

예수님은 마귀를 멸하려고 오셨다. 성경은 예수님이 마귀에게 눌린 자를 자유롭게 하고 귀신 들려 병든 자에게서 귀신을 쫓아내기 위해서 오셨다고 분명하게 기록하고 있다.

죄를 짓는 자는 마귀에게 속하나니 마귀는 처음부터 범죄함이라 하나님의 아들이 나타나신 것은 마귀의 일을 멸하려 하심이라 **요일 3:8**

마귀를 멸하기 위해 예수님이 오셨기에 예수님의 이름으로 명령하면 마귀는 떠나갈 수밖에 없다. 그러므로 당신도 예수님의 이름으로 명령하라.

"나에게 질병을 주고 괴롭게 하는 마귀야! 내가 예수님의 이름으로 네게 명령한다! 지금 당장 나에게서 떠나가라!"

귀신으로 귀신을 쫓아낼 수 없다

귀신에게 속아 병에 걸리지 않기 위해서는 귀신을 잘 알 필요가 있다. 귀신은 우리에게 복을 주는 존재가 아니라 병을 가지고 오는 존재다. 귀신은 절대로 복을 주지 않는다. 귀신에게는 복이 없기 때문이다. 원죄로 인해 우리가 하나님과 분리되었을 때 마귀가 가져다준 것도 복이 아니라 질병이었다.

돼지의 머리를 잘라 고사를 지내는 것은 질병과 재앙을 주는 귀신에게 내 안전과 미래를 맡기는 어리석은 행동이다. 병을 가진 귀신에게 "비나이다, 비나이다" 하면서 굿을 하고 빌면 무엇을 얻겠는가? 가진 것을 나에게 달라고 귀신에게 빌었으니 고통과 고난이 오고, 질병이 오는 것이다.

굿을 해서 병을 낫게 하겠다는 것은 큰 귀신을 불러 작은 귀신을 쫓아내겠다는 발상인데 귀신은 한패이기 때문에 큰 귀신이 오면 작은 귀신이 도망가는 게 아니라 "아이고 형님, 오셨습니까!" 하면서 두 귀신이 함께 들어와서 산다.

무당이 하는 굿은 이렇듯 한 귀신만으로도 부족해 두 귀신이 함께 괴롭히게 만드는 것인데 그 사람의 병이 어떻게 낫겠는가? 오히려 전보다 더 심해지지 않겠는가? 작은 문제를 해결하려다가 큰 문제를 끌어안는 것과 다를 바가 없다.

무리가 예수님에게 귀신의 왕 바알세불을 힘입어 말을 못 하게 하는 귀신을 쫓아낸다고 했을 때 예수님은 뭐라고 답하셨는가?

너희 말이 내가 바알세불을 힘입어 귀신을 쫓아낸다 하니 만일 사탄이 스스로 분쟁하면 그의 나라가 어떻게 서겠느냐 내가 바알세불을 힘입어 귀신을 쫓아내면 너희 아들들은 누구를 힘입어 쫓아내느냐 그러므로 그들이 너희 재판관이 되리라 그러나 내가 만일 하나님의 손을 힘입어 귀신을 쫓아낸다면 하나님의 나라가 이미 너희에게 임하였느니라 **눅 11:18-20**

예수님은 말하지 못하게 만드는 귀신을 하나님의 손을 힘입어 쫓아냈다고 말씀하셨다. 귀신은 귀신으로 쫓아내는 것이 아니라 오직 나사렛 예수의 이름으로 명하여 쫓아낼 수 있다.

그러니 병에 걸렸다고 부적을 붙이고 굿을 하는 성도는 단 한 사람도 없기를 바란다. 귀신에게 비는 것은 내 인생을 망치려고 불 속으로 뛰어드는 것과 같다.

귀신이 병을 줬는데 어떻게 병을 낫게 하겠는가? 가장 귀하고 영광스러운 예수님의 이름을 두고 왜 귀신에게 빌고 무릎을 꿇는단 말인가?

귀신은 인간에게 들어와 인간의 건강과 재물과 기쁨과 평안을 도둑질하고, 영혼을 파멸시켜 인간을 지옥으로 끌고 가려 한다. 예수님이 오신 것은 우리의 병을 고쳐서 생명을 살리고, 귀신이 빼앗아 간 것을 도로 찾아 풍성한 삶을 얻게 하시기 위함이다.

도둑이(마귀가) 오는 것은 도둑질하고 죽이고 멸망시키려는 것뿐이요 내가(예수님) 온 것은 양으로 생명을 얻게 하고 더 풍성히 얻게 하려는 것이라 **요 10:10**

믿음의 연단을 위해 생기는 병

하나님의 연단과 훈련 때문에 병에 걸릴 수도 있다. 욥에게 생긴 병이 그 예다. 욥기를 통해 알 수 있듯, 욥이 겪은 고난과 질병은 인간이 겪는 고통 중에서도 가장 극심한 고통이었다.

욥은 자기가 왜 이런 고난과 병을 짊어지게 되었는지 알지 못했다. 죄를 지어 병이 난 것도 아니었고 잘못된 습관 때문도 아니었으며 귀신 들려서 병든 것도 아니었기에 더욱 괴로웠다.

죄 때문에 생긴 병은 회개하면 되고, 잘못된 습관으로 생긴 병은 습관을 고치면 되고, 귀신 때문에 생긴 병은 예수님의 이름으로 귀신을 쫓아내면 되는데, 하나님을 잘 믿는 의인이 고난을 받는 것은 본 적도 들은 적도 없었기에 그는 무척 혼란스러웠다.

하나님께서 꿈에라도 나타나셔서 "욥아, 내가 너를 연단하여 정금같이 만들 예정이니 조금만 참아줄 수 있겠니?"라고 말씀하셨다면 "아, 그렇구나" 하고 상황을 이해하고 수긍했을 것이다.

그러나 하나님은 그 이유를 알려주지 않으시고, 병만 주고 사라져 버리신 것처럼 느껴지니 욥으로서는 자기에게 닥친 고난을 이해할 수 없고 상황을 제대로 해석할 수도 없었다.

이런 상황에서 가장 힘든 점은 욥처럼 자기가 병에 걸린 이유를 모른다는 것이다. 사실 병에 걸린 것보다 나에게 왜 병이 생겼는지 그 이유를 알지 못하는 것이 더 힘들고 고통스럽다.

하나님의 연단으로 병에 걸린 성도 중에도 해석이 안 되는 분이 많을 것이다. 내가 눈을 들었을 때 저만큼 앞서가시는 하나님이 보이면 위로라도 얻겠는데, 어떤 이유에서인지 그분이 보이지 않는다.

걸을 힘이 없을 때 내 손을 잡아주시는 하나님의 손이 느껴지면 어떻게든 버텨보겠는데, 어째서인지 그분의 손길이 조금도 느껴지지 않는다. 이럴 때 하나님이 내게서 완전히 사라진 것처럼 느껴져서 더욱 고통스럽다.

마찬가지로 자신에게 닥친 질병의 원인을 도무지 찾을 수 없었던 욥은 이렇게 한탄한다.

> 그런데 내가 앞으로 가도 그가 아니 계시고 뒤로 가도 보이지 아니하며 그가 왼쪽에서 일하시나 내가 만날 수 없고 그가 오른쪽으로 돌이키시나 뵈올 수 없구나 **욥 23:8,9**

욥은 혹시라도 자녀들이 자기가 모르는 사이에 하나님께 죄를 범하였을까 싶어 자녀들의 이름으로 번제를 드리던 사람이다. 죄 때문에 병이 생긴 것도 아니고 잘못된 습관이나 귀신 들려서 병에 걸린 것도 아닌데 어째서 욥은 병에 걸리게 된 것일까? 하나님께서 욥에게 병을 허락하신 이유는 무엇일까?

나는 도무지 알지 못해도 하나님은 나를 다 아신다

하나님께서 욥에게 병이 생기게 하신 목적은 그 병을 통해 욥의 믿음을 더욱 크게 만드시는 것과 욥을 통해 일하고 계시는 하나님을 사람들에게 증명하시는 것에 있었다. 다시 말해, 의인을 더 크게 사용하시려고 병으로 연단하시는 것이다.

연단은 하나님의 주권이기에 우리에게는 선택권이 없다. 하지만 분명한 것은 아무리 찾고 생각해봐도 내가 병에 걸릴 이유가 없는데 병에 걸렸다면 '아, 하나님의 연단으로 나를 정금같이 만드시려는 거구나' 하고 받아들여야 한다는 사실이다.

욥은 하나님의 숨결과 손길이 느껴지지 않더라도 하나님께서 자기에게 주시는 연단을 믿음으로 받아냈다. 그는 자기의 감각을 믿지 않고, 자기의 믿음을 믿었다. 그 믿음의 고백이 바로 우리가 잘 아는 이 말씀이다.

그러나 내가 가는 길을 그가 아시나니 그가 나를 단련하신 후에는 내가 순금같이 되어 나오리라 **욥 23:10**

나는 앞의 구절인 "내가 앞으로 가도 그가 아니 계시고 뒤로 가도 보이지 아니하며 … 뵈올 수 없구나"(욥 23:8,9) 구절과 대비되는 이 고백에 크게 감동했다.

내가 그분을 다 아는 것보다 그분이 나를 다 아시는 것이 더 중요하다. 나를 가장 잘 아시고 내 모든 것을 다 아시는 분이 나를 모른 척하시겠는가? 이대로 버려두시겠는가?

내가 아는 게 중요한 것이 아니다. 그분이 나를 아시면 된다. 하나님은 내가 지금 아파하는 것도 아시고 며칠째 투병하는지도 아시고 몇 호실에 누워있는지도 아신다.

낮에는 살만하다가 밤만 되면 왜 이렇게 몸이 아픈지, 어둠은 왜 이렇게 긴지, 시간은 왜 그렇게 안 가는지 모르겠다며 불평하고 있는가? 당신은 모를지라도 그 날수를 다 세고 분초까지도 세고 계시는 하나님은 아신다.

나는 하나님이 어디 계시는지 모르나 그분은 내가 어디 있는지 아시고, 나는 이것이 언제 끝날지 모르지만 그분은 그 끝을 아신다. 나는 왜 내게 이런 일이 일어났는지 모르나 그분은 그 이유를 아시며, 나는 이 병으로 버려진 자 같을지라도 그분은 이 모든 과정을 다 알고 계신다.

나는 나를 돌멩이로 여겨 내 값이 얼마인지 모르나 그분은 나를 정금과 같이 여기셔서 무한한 가치를 매겨주셨다는 사실을 알기 바란다. 연단 가운데 있을지라도 끝까지 하나님을 신뢰하고 소망을 가져라.

지금 왜 이런 어려움이 생겼는지 당신은 몰라도 그분은 다 아신다. 단련의 시간이 끝난 후에는 하나님께서 반드시 당신을 순금으로 만드실 것이다. 절망하지 말라. 하나님은 당신을 아신다.

하나님의 영광을 드러내는 병

다섯 번째로, 하나님의 영광을 드러내기 위해 병을 허락하실 때도 있다.

> 제자들이 물어 이르되 랍비여 이 사람이 맹인으로 난 것이 누구의 죄로 인함이니이까 자기니이까 그의 부모니이까 예수께서 대답하시되 이 사람이나 그 부모의 죄로 인한 것이 아니라 그에게서 하나님이 하시는 일을 나타내고자 하심이라 **요 9:2,3**

병 중에는 하나님의 영광을 드러내기 위해 생기는 병이 있다. 단지 나를 다듬어가는 것을 넘어, 이것을 통해 하나님께서 일하시는 목적이 있는 병이다. 병으로 누군가를 빚어가는 목적이 있는가 하면 병 자체에 목적이 있는 사람도 있다는 뜻이다.

예수님은 이 병의 원인이 하나님의 영광을 드러내기 위함이라고 분명하게 말씀하셨다. 그 말씀과 같이, 예수님이 태어날 때부터 앞을 보지 못했던 사람을 고쳐주셔서 그가 눈을 뜨게 되었을 때 모든 사람이 하나님의 살아계심을 인정하고 하나님께 영광을 돌렸다. 이처럼 앞을 보지 못했던 그 사람의 병이 하나님의 영광을 드러내는 도구로 사용되었다.

그 사람이 눈을 뜸으로써 경험한 그 한 가지가 눈뜬 사람이 평생 하는 사역보다 더 많은 일을 했다. 평생에 병으로 주의 일을 한 날도

해보지 못했는데 그 짊어진 병을 하나님께서 정한 때에 딱 고치셔서 그도 하나님께서 살아계신다는 걸 시인하고, 그가 평생 할 일을 한 날에 할 수 있는 그 치료를 보고 수많은 사람이 하나님의 살아계심을 부인하지 못하고 하나님을 두렵고 떪으로 경배하며 하나님 앞에 영광 돌리게 만든 것이다.

그것이 하나님의 영광을 위한 병이라는 것이다. 이를 통해 모든 사람이 하나님을 경배하게 되었으니, 하나님의 영광을 드러내는 통로로 사용된 것이 얼마나 감사한 일인가.

그러므로 하나님께서 당신에게 하나님의 영광을 드러내기 위해 병을 주실 때는 낙담하거나 좌절하지 말고 통로로 쓰임 받는 것에 감사하기를 권면한다. 그 병은 당신을 고통스럽게 만들고 괴롭히기 위한 것이 아니라 당신을 통해 모든 사람이 여호와 라파, 치료의 하나님을 믿게 하시려는 하나님의 특별한 십자가다.

천국으로 초청하는 병

아무리 기도해도 하나님께서 치료해주시지 않는 병이 있다. 앞서 살펴본 원인들을 하나하나 다 적용해서 기도했는데도 기도의 역사가 나타나지 않고, 혹시 이 병이 연단이라서 마치고 나면 정금으로 만들어지기에는 이제 내 나이가 너무 많다면 여섯 번째의 병일 수 있다. 바로 천국의 초청장이다.

하나님께서 주신 수명이 다하여 생긴 병이라면 이 경우에는 아무리 기도해도 하나님이 치료해주시지 않는다. 하나님께서 "수고했다. 이제 내게로 오렴" 하고 더 좋은 천국, 영원한 천국으로 부르시는 초청장이기 때문이다.

우리는 모두 언젠가 이 병에 걸릴 때가 있을 것이다. 기도 중에 하나님께서 천국으로 부르신다는 감동을 주시거나, 의사가 "준비하십시오"라는 말을 하거든 하나님이 부르시는 초청장이라는 것을 알고 소망 가운데 마음을 준비하기를 바란다.

만약 당신이 '병'이라는 이름의 이 천국 초청장을 받았다면 내 병을 낫게 해달라고 몸부림칠 게 아니라 '주님이 나를 보고 싶어 하시는구나' 하고 초대에 걸맞은 준비를 하라. 가장 좋은 의복으로 갈아입고 주님 앞에 기쁨으로 설 준비를 하면 된다.

어느 팔순 권사님의 발인예배를 인도하며 이것을 설교 말씀으로 전했더니 나중에 그 아들 집사님이 "어머니의 병을 낫게 해달라고 그렇게 기도했는데, 오늘 목사님의 말씀을 듣고 보니 초청장이었다는 것을 알게 되었고 이 말씀으로 마음의 모든 궁금증이 사라졌습니다"라며 감사의 인사를 해 온 적이 있다.

이 초청장이 언제 도착할지는 모르지만, 하나님께서 당신을 천국으로 초청하실 때 기쁜 마음으로 떠날 수 있는 여유를 가지고 오늘 하루를 살아가길 축복한다.

이사야서 53장 2-5절

2 그는 주 앞에서 자라나기를 연한 순 같고 마른 땅에서 나온 뿌리 같아서 고운 모양도 없고 풍채도 없은즉 우리가 보기에 흠모할 만한 아름다운 것이 없도다 3 그는 멸시를 받아 사람들에게 버림 받았으며 간고를 많이 겪었으며 질고를 아는 자라 마치 사람들이 그에게서 얼굴을 가리는 것같이 멸시를 당하였고 우리도 그를 귀히 여기지 아니하였도다 4 그는 실로 우리의 질고를 지고 우리의 슬픔을 당하였거늘 우리는 생각하기를 그는 징벌을 받아 하나님께 맞으며 고난을 당한다 하였노라 5 그가 찔림은 우리의 허물 때문이요 그가 상함은 우리의 죄악 때문이라 그가 징계를 받으므로 우리는 평화를 누리고 그가 채찍에 맞으므로 우리는 나음을 받았도다

상처의 산을 옮기라

그늘이 없는 사람은 없다

정호승 시인의 시 〈내가 사랑하는 사람〉은 "나는 그늘이 없는 사람을 사랑하지 않는다"라는 구절로 시작한다. 그런데 나는 이 말이 "나는 모든 사람을 사랑한다"라는 말을 반어적으로 한 것 같다. 그늘 없는 사람이 어디 있겠는가. 사람마다 모두 그늘을 가지고 있다는 것을 시인이 모를 리 없기 때문이다.

유명한 설교자이자 작가인 존 오트버그는 《Everybody's normal till you get to know them》(당신이 그들을 알기 전까지는 모든 사람은 정상이다)이라는 제목의 책을 썼다. 그 사람의 진면모를 제대로 알기 전까지는 모든 사람이 상처도 없고 괜찮아 보이지만, 다가가 몇 마디 나누어보면 저마다 상처와 그늘을 가지고 있다는 뜻이다.

웃고 있다고 다 웃는 게 아니다. 밝은 모습 뒤에 보이는 그늘, 사람 앞에서는 웃지만 뒤돌아 눈물을 훔치는 그늘, 행복해 보이기만 했는데 뒤에 알게 되는 어릴 적 불우한 환경의 그늘….

보기만 해도 금방 보이는 그늘이 있는가 하면, 몇 날 며칠을 앉아서 이야기 나누다 보면 비로소 보이는 그늘도 있다. 시간차가 있고, 드러내느냐 숨기느냐가 다를 뿐 상처 없는 사람은 없다.

하지만 그늘이 있는 게 나쁜 것만은 아니다. 그 그늘 때문에 남의 그늘도 볼 수 있는 눈이 열리기 때문이다. 내게 그늘이 있어야 그늘에 앉은 사람의 눈물을 닦아줄 수 있고, 상처를 알아야 다른 사람의 상처도 볼 수 있으며, 아파 본 사람이 아프다는 말을 더 잘 이해하는 법이다.

상처가 회복되지 않으면 그 상처로 나도 죽고 남도 죽일 수 있지만, 제대로 회복된 상처는 사람을 살리는 도구가 된다. 아파해보고 외로워도 하고 밤새도록 울어본 사람이 그 심정을 알고 이해할 때 그것은 사명이 된다.

"그늘이 된 사람"과 "한 방울 눈물이 된 사람"을 사랑한다고 이야기하고, "나무 그늘에 앉아 / 다른 사람의 눈물을 닦아주는 사람의 모습은 / 그 얼마나 고요한 아름다움인가"[2]라고 말하는 이 시를 읽고 있으면 나는 예수님이 떠오른다. 이 땅에 사시는 동안 예수님의 삶은 온통 그늘이었다. 그분은 사람이 태어나서 겪을 수 있는 모든 상처를 다 겪으셨다.

태어날 때부터 유아 살해의 위험에 노출됐고, 애굽으로 피난 가서

---

2   정호승, 《외로우니까 사람이다》, (열림원, 1998), p.14.

난민의 삶을 사셨다. 어린 시절은 사람들이 "거기서 무슨 선한 것이 나겠느냐"라고 할 만큼 우범지대로 인식되던 나사렛에서, 어른이 되어서는 '가난한 자의 마을'이라는 이름의 가버나움에서 사셨다. 태어날 때부터 성년이 될 때까지 예수님은 모든 상처를 받을 수 있는 환경에서 자라나셨다.

아버지 요셉의 이름이 예수님이 태어날 때 외에는 성경에 전혀 등장하지 않는 것으로 보아, 많은 성경학자들은 그가 예수님 어릴 적에 사망한 것으로 추측한다. 그렇다면 예수님은 상당히 어린 나이 때부터 가장으로서 가정을 이끌어야 하셨을 테니 그 책임 또한 얼마나 무거웠겠는가.

공생애를 시작해서는 가는 곳마다 사람들의 시기와 질투를 받았다. 제자들은 다 배신해 도망가고, 결국은 모함과 조롱을 받고, 온몸을 채찍으로 맞아 살점이 떨어져 나가고, 흉악한 죄수들만 달리는 십자가에 달려 손과 발에 대못이 박히고, 허리에는 창이 박혀 물과 피를 다 쏟고 돌아가셨다.

예수님은 우리의 모든 그늘을 이해하기 위해 상처투성이의 삶을 온몸으로 살아내셨고, 우리의 모든 상처를 짊어지고 십자가에 달리셨다. 그래서 십자가로 나아가면, 내 상처가 어떤 것이든 십자가의 예수님에게서 다 보게 된다. 모든 상처를 경험하셨기에 예수님은 우리의 상처와 아픔을 누구보다 잘 알고 이해하신다.

내 상처를 드러내도 안전한 유일한 곳

상처를 아무에게나 꺼내 놓아서는 안 된다. 사람들이 당신의 상처를 이해할 것 같지만 그렇지 않다. 게다가 들을 때는 "그랬구나. 아유, 얼마나 힘들었니. 진작 말하지 그랬어"라며 내 맘 다 알아주는 것 같은데, 이내 뒤에서 다른 말이 들린다.

"쟤 저런 사람이래. 저런 줄 몰랐네"라며 사람들이 입을 삐쭉거리고, 며칠 지나고 나면 쏟아놓았던 상처가 몇십 배로 증폭되어 돌아다니며 다시 나를 죽이고 사람들과 멀어지게 하는 비수가 되니 섣불리 아무에게나 내어놓을 수 없는 게 상처다.

내 상처를 다 내어놓아도 후유증이 없고 모두 받아들여지는 곳이 이 세상에 유일하게 딱 한 곳 있다. 바로 십자가 아래다. 예수님은 십자가 밑에서 상처를 다 쏟아놓는 사람에게 "얘, 나는 그런 상처를 안 받아봐서 네 말이 무슨 말인지 모르겠다"라고 하지 않으신다. 내가 무슨 말을 하든, 아니, 말을 시작하기도 전에 "내가 알지 누가 알겠니. 나는 다 안단다" 하시며 그늘진 나의 눈물을 닦아주신다.

신학자인 스탠리 하우어워스가 "사람들은 나의 약점을 보고 있을 때, 예수님은 나의 상처를 보고 계신다"라고 말했듯, 내 상처를 사람들은 약점으로 이용하지만 주님은 상처로 보고 계신다.

다른 데 가서 상처를 해결받으려 하지 말고 십자가 그늘 밑으로 나와서 나보다 나를 더 잘 아시고 나를 더 아파하시는 그분께 당신의 상처를 쏟아내라. 주님 앞에 상처를 가져와 내어보일 때 십자가에서 흘러내리는 보혈이 그 상처를 치유하실 것이다.

> 우리에게 있는 대제사장은 우리의 연약함을 동정하지 못하실 이가 아니
> 요 모든 일에 우리와 똑같이 시험을 받으신 이로되 죄는 없으시니라
>
> 히 4:15

모든 일에 우리와 같이 다 아픔을 겪으셨기 때문에 주님이 이해 못하실 상처와 연약함은 없으며 그분만이 우리를 치료하실 수 있다. 그래서 헨리 나우웬은 예수님을 일컬어 "The wounded healer(상처 입은 치유자)"라고 했다. 그분은 우리의 온갖 상처를 자기 몸에 다 짊어지셨으나 상처에 머물러 있는 게 아니라 회복하고 치유자가 되셨다.

암으로 고통을 겪는 이에게, 암을 겪어보고 이겨낸 사람이 힘내라고 해주는 말만큼 힘 있고 격려가 되는 말이 있겠는가. 같은 고통을 당해 본 사람의 위로가 가장 힘이 된다. 품은 상처가 곪은 채 평생을 간다면 그 상처는 우리를 죽이는 칼이 되겠지만, 그 상처가 회복만 된다면 우리도 다른 이를 돕고 살리는 치유자가 될 수 있다.

투르의 주교를 지낸 마르티노 성인에게 한번은 사탄이 그리스도의 모습으로 나타났다. 그러나 성인은 속지 않았다. 그에게는 진짜 예수님인지 사탄이 변장한 것인지 단번에 알아볼 수 있는 질문이 있었기 때문이다.

"당신의 몸에 상처가 있습니까? 당신이 그리스도라면 내게 상처를

보여주시오. 손의 못 자국과 허리의 창 자국을 보여주시오."

상처가 없는 그리스도는 그리스도가 아니기 때문이다. 예수님의 손과 발, 허리에 난 상처가 우리의 상처를 치유한다. 십자가 앞에 나아가 예수님의 몸에서 흘러내리는 그 물과 피의 공로로 우리의 상처가 다 해결받을 수 있기를 축복한다.

고슴도치 신자들

전도하다 보면, 안 믿는 사람보다도 상처받아서 교회 안 간다는 사람을 더 자주 만나게 된다. 교회에서 봉사하라고 권하면 "상처받아서 봉사는 더 이상 안하고 교회만 출석하겠다"라는 사람이 많고, 연말에 맡은 사역을 내려놓는 이들에게 이유를 물어보면 상처 때문에 이제 더는 하기 힘들다고 한다.

해결되지 않은 상처는 우리의 손발을 묶는다. 상처 때문에 교회를 안 나가게 되고, 주님의 일을 내려놓아 금쪽같은 내 인생의 남은 시간을 주님 앞에 쓰임 받지 못하고 상급도 잃게 된다. 상처 때문에 사람도 못 만나고 웅크리게 된다.

상처는 자신에게만 해를 끼치는 게 아니다. 예수님을 믿는 사람 중에도 상처가 남아서 상처투성이로 살며 남까지 괴롭히는 사람이 많다. 예수 믿은 그날, 구원은 받았어도 상처까지는 다 해결받지 않은 사람이다.

상처를 품은 목사, 선교사는 설교 속에 독한 말, 아픈 말이 나가서 성도들 떠나가게 한다. 상처 많은 장로, 권사가 부서를 맡으면 부서 원들이 남아 있지를 못한다. 상처 있는 교사와 목자는 열심히 할수록 다른 사람에게 상처를 입힌다. 그런 위태위태한 교회와 강단, 위태로운 교실과 목장이 얼마나 많은지 모른다.

당신은 어떤 상처로 괴로운가? 어떤 상황을 만나고 어떤 말을 들으면 숨어 있던 상처가 괴물이 되어 튀어나오는가? '상처 있는 치유자'로서 살리는 사명자가 되려면 주의 일을 하기 전에 상처의 산은 반드시 옮겨져야 한다.

앞서 언급한《Everybody's normal till you get to know them》에서 존 오트버그는 오늘날 교회 안에 고슴도치와 같은 신자가 많다고 말한다.

고슴도치는 가시가 돋친 짐승이다. 등에 5천-7천 개의 가시가 있는데 대개 공격보다는 접근을 막는 방어용이다. 공격받지 않는 이상 사용할 일이 거의 없다. 하지만 그 가시가 지켜주는 것 같은데 아무도 가까이 올 수 없게 하기 때문에 고슴도치는 외롭다.

고슴도치 성도는 자기를 지키기 위해 가시를 세우고 다닌다. 조금만 뭐라 해도 가시를 돋우고 소리 지르거나 독한 말로 쏘아붙이니 그를 알게 된 사람들은 다들 피해 다닌다.

그는, 즉 바로 나는 사실 상처 때문에 자기가 살려고 가시를 세운건데 그 바람에 아무도 옆에 오지 않고, 어려움을 당해도 기도 제목

나눌 사람도 없어 외롭고 상처만 더욱 깊어져 간다.

그런데 어느 날, 고슴도치 같은 내게 예수님이 다가오셨다. 예수님도 나를 알면 실망하실 것 같아 미리 "오지 마세요. 다칩니다. 나 혼자 잘살 수 있어요. 난 괜찮아요" 거절했지만, 예수님은 그 말에 아랑곳하지 않고 더 가까이 오셔서 나를 와락 끌어안고는 "내가 너를 사랑한다" 말씀하셨다.

내 가시들이 예수님의 몸을 찔러 피가 흐르는데도 더 세게 끌어안으셨다. 그리고 나를 놓아주셨을 때 그분은 고슴도치가 되어 있었다. 내 가시가 그분에게 옮겨진 것이다.

예수님은 그 가시투성이 몸으로 십자가에 올라 돌아가셨다. 그분의 머리 위에 씌운 가시면류관은 바로, 내 몸에 박혀 있었던 가시들이었다. 그 가시면류관은 내 상처로 만든 면류관이었다.

내 상처도 모두 십자가로 지고 가셨다

고슴도치의 가시 같은 내 상처를 다 그 몸에 짊어지고 올라가신 예수님을 미리 본 이사야 선지자는 이렇게 예언했다.

그는 실로 우리의 질고를 지고 우리의 슬픔을 당하였거늘 우리는 생각하기를 그는 징벌을 받아 하나님께 맞으며 고난을 당한다 하였노라 그가 찔림은 우리의 허물 때문이요 그가 상함은 우리의 죄악 때문이라 그

가 징계를 받으므로 우리는 평화를 누리고 그가 채찍에 맞으므로 우리는 나음을 받았도다 사 53:4,5

그가 채찍에 맞음으로 우리가 나음을 입었다고 했다. 우리의 그늘도 슬픔도 예수님이 십자가를 지실 때 함께 짊어지고 가셨다. 그 상처는 다 내 것이었다. 이 구절에서 예수님이 십자가에 가지고 가신 것은 어떤 것들인가?

질고(질병과 고통), 슬픔, 징벌, 매 맞음, 고난, 찔림, 허물, 상함, 죄악

잊지 말라. 예수님이 내 죄만을 위해서 십자가에 달리신 것이 아니다. 내 질병과 고통, 상처와 슬픔까지 그야말로 패키지로 다 짊어지고 가셨다. 주님은 그날 상처까지 다 가져가셨는데 그분께 죄의 짐은 맡겼는지 몰라도 상처는 도로 찾아와서 여전히 품고 있는 사람이 얼마나 많은지 모른다.

버스 기사가 한 할머니를 공짜로 버스에 태워드리니 그 할머니가 "아이구, 버스 태워준 것도 고마운데 어떻게 짐까지 내려놔?"라며 머리에 인 보따리를 내려놓지 못하더라는 우스개가 있다.

'예수님이 내 죄를 짊어지고 십자가에 달리신 것도 과분한데 내가 어떻게 상처까지 맡겨드리냐' 하는 사람은 그 할머니와 똑같다. 죄 짐을 맡겼으면서 왜 나머지는 여전히 껴안고 있는가?

"그건 네가 해결해야 할 네 몫"이라는 마귀의 말에 속지 말고 이렇게 받아쳐라.

"무슨 소리 하는 거야? 이사야서에서 말씀한 것처럼 예수님은 십자가 달리시던 날 내 질병과 고통을 짊어지고 내 슬픔과 멸시, 천대도 짊어지고 몸에 난 상처, 영혼에 난 상처 다 짊어지고 십자가 위에서 이미 다 감당하셨다고!"

"어제의 상처를 내일로 가져가지 않는다"

제품의 정곡을 짚는 이 한 줄 카피의 제목은 〈안티푸라민〉이다. 어제의 상처를 내일로 가져가지 말라.

그런데 몸에 난 상처는 몰라도 마음에 난 상처, 영혼에 깊게 새겨진 상처는 안티푸라민으로는 안 되고 오직 예수의 보혈로만 치료가 된다. 우리 마음과 영혼에 난 상처를 내일로 가져가지 않기 위해서는 예수님의 보혈로 치료를 받아야 한다.

예수님이 십자가 위에 짊어지고 올라가 해결하신 것들을 우리 안에 품고 있을 이유가 전혀 없다. 어제의 상처를 내일로 가져가지 말라. 언제 받았던 것인지 몰라도, 그 상처가 아직도 나를 괴롭히고 있다면 더 이상 품지 말고 오늘 예수님에게 맡겨라. 그분은 당신의 상처도 십자가 위에서 다 해결하셨다.

상처를 치유하는 접붙임

몇 년 전 제주도 감귤 체험을 할 때의 일이다. 농장 주인 어르신이 오리엔테이션을 한다면서 우리를 두 나무 앞으로 데려가더니 무슨 나무냐고 물으셨다. 하나는 구슬 같은 노란 열매가 가득 달리고 손가락만 한 가시가 돋친 탱자나무고 또 하나는 귤이 주렁주렁 열린 귤나무였다.

대답을 하고 나니 농장 주인이 뒤를 돌아보라고 했다. 수백 수천 그루의 귤나무가 있어서 "와, 귤나무 진짜 많네요" 했더니 "여기 있는 귤나무는 모두 다 탱자나무입니다"라는 것이 아닌가?

"탱자나무에 귤나무를 접붙여서 만든 겁니다. 모르긴 몰라도 제주도에 있는 귤나무는 거의 다 탱자나무일 겁니다."

귤나무는 뿌리가 약해서 제주도에 태풍이 불어오면 다 쓰러지는데 탱자나무는 뿌리를 깊이 내려 태풍이 웬만큼 불어와도 쓰러지지 않기 때문에 접붙여 귤나무로 만든다는 것이다.

참 신기하다. 그 큰 탱자나무에 귤나무를 접붙이면 접붙인 작은 귤나무 가지에서 탱자가 열릴 것 같은데 오히려 그 큰 탱자나무가 귤나무가 되어서 그렇게 맛있는 귤이 열리니 말이다.

참 은혜가 되었다. 로마서 11장에서 바울 사도는 돌감람나무 같은 우리가 참감람나무 되신 예수님에게 접붙여졌다고 한다. 포도나무 원가지에 접붙임을 당해 거기에서부터 우리에게서는 나올 수 없는 성령의 9가지 열매가 맺히는 존재가 되었으니 바로 여기에 우리의 상처를 치료하는 법이 있다.

1. 십자가에 접붙임

상처는 우리를 십자가에 접붙임으로 해결될 수 있다. 이것은 십자가 앞으로 날마다 더 가까이 나아가는 것이다. 내가 십자가를 붙드는 것은 가시나무가 십자가 나무에 접붙여지는 것이다.

예수님이 십자가에 달리시던 그날, 가시나무 같은 내 인생의 가시들이 내게서 십자가로 모두 옮겨졌다. 탱자나무 같은 내 인생, 홀로 서 있으면 가시밖에 돋치지 않겠지만, 그 인생을 귤나무 같은 십자가 나무에 접붙이면 그 삶에 성령의 아홉 가지 열매가 맺히고, 예수의 보혈이 내 안으로 수혈되어 들어와 어떤 상처도 녹아내린다.

갈라디아서 2장 20절 말씀처럼 완전히 접붙임을 당해야 한다.

내가 그리스도와 함께 십자가에 못 박혔나니 그런즉 이제는 내가 사는 것이 아니요 오직 내 안에 그리스도께서 사시는 것이라 이제 내가 육체 가운데 사는 것은 나를 사랑하사 나를 위하여 자기 자신을 버리신 하나님의 아들을 믿는 믿음 안에서 사는 것이라

예수님을 믿은 그날은 내가 예수님과 함께 십자가에 달린 날이었다. 그날 나의 옛사람은 죽었고 옛사람에게 너덜너덜 붙어있던 가시와 상처도 다 죽었다. 더 이상 상처가 내게 남아서 괴롭힐 이유가

없다.

내 상처가 십자가로 옮겨질 때, 내게 상처를 준 그 사람들도 십자가로 옮겨졌다. 그 상처를 준 범인들을 살리실지 심판하실지 예수님이 다 알아서 선악 간에 심판하실 것이니 내 마음에 품고 아파하며 복수의 칼을 갈고 있을 필요가 없다.

세상에서 제일 불쌍한 사람이 누군지 아는가? 십자가에 달리긴 달렸는데 아직 안 죽은 사람이다. 죽었으면 아픔도 못 느낄 텐데, 어찌어찌하다가 달리기까지는 했는데 30년째 달려서 아직 살아 있다보니 이것도 상처받고 저것도 상처받고, 조금만 움직여도 상처로 아프다. 그 사람에게 최고의 선물은 죽는 것이다.

어떤 사람이 주님 앞에 나와서 늘 이것 때문에 상처받아 힘들고 누구 때문에 상처받아 이것도 못 하겠다 기도했더니 주님이 "넌 죽은 사람이 왜 그렇게 말이 많냐?" 하셨다는 우스갯소리가 있다. 그런데 맞는 말이다. 안 죽었으니까 감각이 살아 있는 거다.

마음이 괴로울수록 십자가 앞에 더 가까이 가서 십자가를 붙들고 십자가에 당신이 접붙임을 당해야 한다. 그러면, 십자가에서 흘러나오는 예수님의 보혈이 당신을 치유할 것이다. 상처가 자꾸 덧나서 괴롭힐 때, 당신은 십자가 앞으로 날마다 더 가까이 나오라. 그것만이 살길이다.

2. 은혜에 접붙임

상처를 은혜에 접붙여야 비로소 그 상처를 이길 수 있다. 바울이 육체의 가시 때문에 괴로워 견딜 수 없어서 기도했을 때 하나님께서 주신 처방이 은혜였다.

이것이 내게서 떠나가게 하기 위하여 내가 세 번 주께 간구하였더니 나에게 이르시기를 내 은혜가 네게 족하도다 이는 내 능력이 약한 데서 온전하여짐이라 … **고후 12:8,9**

가시는 사람의 마음에 은혜가 메말라 버리면 뾰족뾰족해지기 시작하지만, 은혜가 충만하여 그 안에 잠기면 녹아 사라지고 만다. 은혜에 녹지 않는 가시는 없다. 은혜가 마르지 않는다면 상처는 절대로 가시를 드러낼 수 없다. 그래서 바울이 디모데에게 "은혜 안에서 강하라"라고 말한 것이다.

내 아들아 그러므로 너는 그리스도 예수 안에 있는 은혜 가운데서 강하고
딤후 2:1

아물지 않은 상처는 나를 죽이고 남을 죽이지만, 아물고 회복된 상처는 나를 살리고 남도 살리는 사명이 된다.

오늘 당신의 상처를 옮기려면 십자가 그늘 아래, 예수님에게로 나

와 십자가를 붙드는 접붙임이 있어야 한다. 그리고 날마다 은혜가 메마르지 않아서 은혜 안에 거하면 상처는 회복되어 살인 무기가 아니라 사람을 살리는 사명이 될 것이다.

오늘도 당신의 상처를 십자가에 접붙이고 은혜에 잠겨서, 나는 죽고 예수님이 내 안에 사시는 복을 누리길 바란다. 십자가의 보혈과 하나님의 은혜가 당신을 반드시 살려낸다. 이제 상처의 산 앞에 서 있지 않고, 그 산이 옮겨져 계속 믿음으로 전진하는 당신이길 간절히 바란다.

누가복음 14장 16-24절

¹⁶ 이르시되 어떤 사람이 큰 잔치를 베풀고 많은 사람을 청하였더니 ¹⁷ 잔치할 시각에 그 청하였던 자들에게 종을 보내어 이르되 오소서 모든 것이 준비되었나이다 하매 ¹⁸ 다 일치하게 사양하여 한 사람은 이르되 나는 밭을 샀으매 아무래도 나가 보아야 하겠으니 청컨대 나를 양해하도록 하라 하고 ¹⁹ 또 한 사람은 이르되 나는 소 다섯 겨리를 샀으매 시험하러 가니 청컨대 나를 양해하도록 하라 하고 ²⁰ 또 한 사람은 이르되 나는 장가 들었으니 그러므로 가지 못하겠노라 하는지라 ²¹ 종이 돌아와 주인에게 그대로 고하니 이에 집주인이 노하여 그 종에게 이르되 빨리 시내의 거리와 골목으로 나가서 가난한 자들과 몸 불편한 자들과 맹인들과 저는 자들을 데려오라 하니라 ²² 종이 이르되 주인이여 명하신 대로 하였으되 아직도 자리가 있나이다 ²³ 주인이 종에게 이르되 길과 산울타리 가로 나가서 사람을 강권하여 데려다가 내 집을 채우라 ²⁴ 내가 너희에게 말하노니 전에 청하였던 그 사람들은 하나도 내 잔치를 맛보지 못하리라 하였다 하시니라

핑계의 산을 옮기라

구원으로의 초대

어떤 사람이 큰 잔치를 열고 많은 사람을 초청했다. 미리 초대를 했는데도 막상 잔칫날이 되니 모두 이런저런 핑계를 댔다. "밭을 샀기 때문에 나가봐야 한다", "소를 다섯 겨리(열 마리) 샀으니 시험하러 가야 한다", "나는 장가 들어서 못 간다"라고 핑계를 대며 잔치에 오지 않았다.

초대받은 이들이 참석을 거절하자 주인은 종들을 시내의 거리와 골목으로 보내 가난하고 병들고 눈먼 사람들을 초청했다. 그런 사람들이 잔칫집에 와도 여전히 자리가 많이 남자, 이번에는 길과 산울타리로 가서 사람들을 초청해 잔칫집을 채웠다.

잔칫집이 가득 차고 즐거운 잔치가 시작되니 처음에 초대받았던 이들이 잔치 소문을 듣고 뒤늦게 몰려와 문을 열어달라고 간청했다. 하지만 기회의 문은 이미 닫혀버려 그들은 한 사람도 잔치에 참여하지 못했다.

가장 먼저 초대받았으나 핑계를 대고 오지 않았던 자들은 유대인을 의미한다. 그들은 하나님의 택하심을 받은 백성이었고 메시아를 간절히 기다렸던 자들이지만, 정작 예수님이 회개하라고 부르실 때 그 초대를 거절했다.

그 후에 초대받은 가난하고 병든 자들은 유대인으로 태어났으나 유대인으로 취급받지 못했던 이들을 의미한다. 일평생 초대받지 못한 삶을 산 그들은 잔치의 초대에 기쁜 마음으로 응했다.

빈자리를 채우기 위해 마지막으로 초대받은 자들은 이방인들이다. 당시 이방인은 하나님께 버림받은 백성으로 여겨졌는데, 오히려 그 이방인들이 초대에 응하여 즐겁게 잔치에 참여했다.

이 비유는 구원으로의 초대를 의미한다. 택함을 받은 사람에게 하나님께서 보내시는 것으로, 우리 인생에서 절대로 거절해선 안 되는 초청이다. 아무에게나 보내는 초청이 아니기 때문에 어떤 일이 있어도 핑계를 대거나 미루면 안 된다.

예수님의 목숨을 주고 만든 이 초청장은 인류역사상 가장 비싼 초청장이다. 이보다 영광스럽고 중요하며 급한 초청장은 없다. "예수님을 믿으세요"라는 이 초청장이 도착하면 무조건 응하라. 아무리 바빠도, 지금 막 사업을 시작했어도, 결혼을 준비하고 있어도, 천하에 무슨 일이 있더라도 만사를 제쳐놓고 참석해야 한다. 이 초청장을 거부하느니 차라리 서울대학교 의대나 각종 고시 합격증을 거절하는 편이 낫다.

그런데 구원으로의 초대에 이어 또 하나의 중요한 초대가 있다. 바로 일꾼으로의 초대다. 하나님은 그분을 알지 못하는 자는 구원으로 초청하시지만, 이미 구원받은 자는 하나님의 밭에 일꾼으로 초청하신다. 구원받고 끝나는 것이 아니다. 구원받은 우리는 모두 하나님나라의 일꾼이 되어야 한다.

구원으로 부르실 때도 핑계 대면 안 되지만, 일꾼으로 부르실 때도 핑계를 대서는 안 된다. 하나님의 일꾼이 되는 것이 성도에게는 선택사항이 아니라 필수사항이기 때문이다.

사역 없는 크리스천의 실업난

성경은 예수님을 믿는 자를 묘사할 때 포도원 일꾼, 다섯 달란트 받은 자, 씨 뿌리는 농부 등의 비유를 든다. 모두 하나님나라에 일꾼으로 초대된 사역자를 뜻한다.

믿는 자들의 우편함을 열어보면 "하나님나라에 취업하신 것을 축하합니다"라는 내용의 초청장이 와 있을 것이다. 믿는 자의 인생은 하나님께 구원받고 끝나는 것이 아니라 하나님나라의 일꾼으로 부름 받은 삶이기 때문이다.

"나는 구원만 받으면 돼. 일꾼은 되고 싶지 않아"라고 말하지 말고 마지막 때에 하나님나라의 일꾼에게 주어질 상급을 사모하라. 이 상급은 받아도 그만, 안 받아도 그만인 상급이 아니다. 받지 못하면 땅을 치고 후회할 만큼 무척이나 값진 것이다.

그럼에도 '나는 상 같은 건 바라지 않아. 받으면 좋고 못 받으면 말고'라고 생각하는가? 달라스 윌라드는 그의 저서 《잊혀진 제자도》(The Great Omission)에서 "오늘날 크리스천 사이에는 제자가 되지 않고도 크리스천이 될 수 있다는 그릇된 신화가 있다. 이것이야말로 이 시대의 가장 큰 비극이다"라고 지적하며 그런 크리스천을 '뱀파이어 크리스천'으로 표현했다.

정확한 지적이다. 구원을 얻기 위해 예수님의 피에만 관심을 가질 뿐, 희생하는 제자가 되는 것을 거부하는 사람은 피만 빨아먹는 흡혈귀와 다를 바 없다. 우리가 예수 그리스도의 보혈로 죄를 용서받고 구원을 얻은 것은 분명한 사실이지만, 그분의 제자로 나아가지 않고 피에만 머물러 있다면 '예수님의 피만 좋아하는 뱀파이어 크리스천'이라는 말에 반박할 수 없다.

독일의 목사이자 신학자인 디트리히 본회퍼는 《나를 따르라》(Nachfolge)라는 책에서, 예수 그리스도의 제자가 되지 않는 그리스도인들을 가리켜 '시체 곁에 모여든 까마귀들'이라고 했다. 구원받기 위해 예수 그리스도의 살과 피에만 관심이 있는 자를 시체 곁에 모여든 까마귀와 같다고 본 것이다.

믿는 자라면 예수님의 십자가 공로에만 머물러 있지 말고 예수 그리스도를 따라가는 제자와 일꾼이 되어야 한다. 부활하신 예수님이 나를 따라오라고 하시는 데도 뒤따르지 않고 십자가 죽음에만 모여 있으면 시체 옆에 모여든 까마귀와 다를 바 없다.

요즘 청년 실업자와 조기 은퇴자, 직장을 잃은 무직자가 많아 사회 문제로 대두될 만큼 실업난이 심각하다. 그런데 목사인 내 눈에는 구원은 받았으나 하나님을 위해 일하지 않는, 그래서 사역 없는 크리스천들의 실업난이 더욱 심각해 보인다. 예수님도 추수할 것은 많은데 자원하는 일꾼이 없다고 말씀하셨다.

이르시되 추수할 것은 많되 일꾼이 적으니 그러므로 추수하는 주인에게 청하여 추수할 일꾼들을 보내주소서 하라 눅 10:2

일꾼이 주인을 따르는 것은 선택이 아니라 의무다. 그러나 구원으로의 초대에는 반응해도 제자로의 부르심에는 차가운 사람이 너무 많은 시대, 하나님나라의 포도밭도 실업률이 심각하다.

하나님은 여전히 일꾼을 찾고 계신다. 모든 믿는 자를 다시 부르시는 주님의 초청에 핑계 없이 순종하라. 한 사람도 빠지지 말고 하나님나라의 일터에 취업하여 사역을 감당하는 일꾼이 되길 바란다.

예수님의 삼중 사역

하나님나라에 취업한 자들은 어떤 일을 해야 하는가? 예수님이 이 땅에서 하셨던 것을 그대로 따라 하면 된다. 말 그대로 '예수님 따라

쟁이'가 되는 것이다.

예수님이 하셨던 일을 가장 잘 요약한 구절이 마태복음 4장 23절이다. 이것을 '예수님의 삼중 사역'이라고 하는데, 이 3가지를 잘 따라 하면 된다. 그것이 예수님의 제자로 살아가는 가장 확실한 방법이다.

예수께서 온 갈릴리에 두루 다니사 그들의 회당에서 가르치시며 천국 복음을 전파하시며 백성 중의 모든 병과 모든 약한 것을 고치시니

예수님은 회당에서 하나님의 말씀을 가르치시고(Teaching), 병든 사람과 약한 자들을 고치시고(Healing), 두루 다니며 천국 복음을 전파(Evangelizing)하셨다. 이른바 'THE' 사역이다. 당신이 예수님의 제자라면, 바로 이 세 가지를 그대로 따라 하면 된다.

말씀 사역(Teaching ministry)
예수님은 갈릴리 온 지역을 두루 다니며 안식일마다 빠지지 않고 회당에 가셔서 말씀을 듣거나 가르치셨다. 마귀가 광야에서 세 가지로 유혹할 때 성경의 말씀으로 쫓아내셨고, 바리새인들의 율법 공격을 더 해박한 성경 지식으로 압도하셨으며, 목자 잃은 양 같은 사람들을 하나님의 말씀으로 가르치셨다. 이것이 예수님의 말씀 사역이다.

예수님은 말씀 그 자체인 분이 육신을 입고 이 땅에 오셨기에 말씀을 들을 필요도 배울 필요도 없었지만, 친히 회당에서 말씀을 듣고 가르치셨다. 또한 그냥 쫓아내도 도망갈 마귀를 말씀으로 대적하셨다. 그것은 모두 예수님을 위해서가 아니라 우리에게 모범을 보이고 알려주시기 위함이었다.

"너희가 앞으로 평생토록 나의 제자가 되려면, 항상 말씀이 전해지는 곳으로 와서 그 말씀을 들어야 한다. 항상 말씀을 귀담아듣고 말씀으로 무장해야 한다. 그리고 기회가 되면 교사가 되어 말씀을 가르쳐야 한다."

교회 안에서 부지런히 배우라. 예수님이 회당을 중심으로 사역하셨듯이 오늘날의 회당인 교회를 중심으로 말씀을 배우고 가르쳐라. 교회가 아닌 다른 곳에서 성경을 배우며 위험하게 자기 영혼을 방치하지 말라. 매일 성경을 읽고, 교회 안에서 부지런히 말씀을 배우고, 설교를 집중해서 듣고, 교회에서 제공하는 훈련과 하나님의 말씀을 배우고 가르치는 사역을 해야 한다.

항상 말씀으로 성령의 칼을 벼리는 것이 예수님을 따르는 제자로서 첫 번째로 할 일이다. 잘 벼린 칼이 의사의 손에 있으면 수술하는 칼이 되고 장군의 손에 들리면 전쟁에서 이기는 칼이 된다. 하나님의 손에 붙들린 말씀의 검은 당신의 병든 생각을 도려내고 잘못된 믿음을 잘라낸다.

하나님의 말씀은 힘과 능력이 있어 좌우에 날 선 어떤 검보다도 예리하다. 그 예리한 말씀의 칼로 하나님은 오늘도 당신을 수술하고 계신다. 영과 혼과 관절과 골수를 찔러 쪼개는 그 칼로 당신을 건강하게 만들어주실 것이다.

그러므로 믿음의 사람은 예수님이 몸소 보여주신 것처럼 항상 말씀을 듣고 읽고 배우고 가르쳐야 한다. 예수님은 그 일에 동참할 자들을 부르고 계신다.

치유 사역(Healing Ministry)

예수님은 모든 사람을 치료하는 치유자셨다. 그분의 이름이 선포되는 곳마다 치유와 회복이 일어났고, 그분의 손길이 머무는 곳에서는 병마가 떠나갔다. 이것이 예수님의 치유 사역이다.

예수님이 회당에 들어가 성경을 읽으실 때 자신의 사역을 이렇게 규정하셨다.

예수께서 그 자라나신 곳 나사렛에 이르사 안식일에 늘 하시던 대로 회당에 들어가사 성경을 읽으려고 서시매 선지자 이사야의 글을 드리거늘 책을 펴서 이렇게 기록된 데를 찾으시니 곧 주의 성령이 내게 임하셨으니 이는 가난한 자에게 복음을 전하게 하시려고 내게 기름을 부으시고 나를 보내사 포로 된 자에게 자유를, 눈먼 자에게 다시 보게 함을 전파하며 눌린 자를 자유롭게 하고 주의 은혜의 해를 전파하게 하려 하심이라 하였더라 눅 4:16-19

예수님은 육신의 병을 고치시고 상한 심령을 만져주셨다. 포로로 사로잡힌 자에게 자유를 주시고 눈먼 자를 다시 보게 하셨으며 눌린 자를 자유롭게 하셨다.

구한말의 민로아(Frederick Scheiblin Miller) 선교사는 '예수 누구신고 하니'라는 찬송(현 새찬송가 96장, 〈예수님은 누구신가〉) 가사에서 예수님의 치유 사역을 다음과 같이 표현했다.

우는 자의 위로와 없는 자의 풍성
천한 자의 높음과 잡힌 자의 놓임
약한 자의 강함과 눈먼 자의 빛
병든 자의 고침과 죽은 자의 부활
추한 자의 정함과 죽을 자의 생명
죄인들의 중보와 멸망자의 구원

그렇다면 예수님을 따라 하는 우리는 어떤 치유를 해야 할까? 예수님의 칭찬을 받은 백부장의 행동을 우리 삶에 적용하면 된다.

하인이 심한 중풍에 걸려 죽게 되자, 당대의 권력자였던 백부장이 손수 예수님을 찾아가 "주여, 제 하인이 중풍으로 집에 누워 몹시 괴로워합니다"(마 8:6 참조)라며 치유를 간청했다.

그 모습에 감동하신 예수님이 직접 가서 하인의 병을 고쳐주겠다고 하셨지만, 그는 오히려 "말씀만 하셔도 내 하인이 나을 줄 믿습니다"(마 8:8 참조)라고 반응하여 예수님을 더욱 감동시켰다. 예수님은 그의 큰 믿음을 칭찬하시고 하인의 병을 고쳐주셨다.

예수께서 백부장에게 이르시되 가라 네 믿은 대로 될지어다 하시니 그 즉시 하인이 나으니라 **마 8:13**

예수님의 마음을 감동하게 할 때 치유의 역사가 일어난다. 만유의 치유자는 예수님 한 분뿐이지만, 우리도 얼마든지 백부장 같은 치유자가 될 수 있다. 이것이 우리의 '치유하는 사명'이다.

우리에게 치유의 능력은 없지만 병든 사람을 예수님 앞으로 데려올 수는 있다. 치유는 예수님이 맡으시지만, 백부장의 역할은 우리가 맡아야 한다. 예수님의 제자라면 병든 가족, 내 이웃, 내 교회, 내 주변 사람을 위해 간절히 기도하고 그들을 예수님에게 데려오는 백부장이 되어라.

백부장 같은 가족이 있으면 아프고 병으로 고통받는 가족이 치유받을 것이며 백부장 같은 직원이 있으면 그 회사 사람들의 마음이 치유될 것이다. 백부장 같은 목사가 있으면 성도가 고침을 받고 백부장 같은 목장이 있으면 목원이 치유받을 것이다.

성도인 우리는 예수님 앞에서 간구했던 백부장의 믿음으로 치유 사역을 감당해야 한다. 다른 이의 눈물을 닦아주고, 상처를 감싸주고, 그 병을 위해 간절하게 도고하며 눈물로 기도하는 자가 되어야 한다. 주님이 그 기도를 듣고 그 사람을 치유하시도록 하는 치유의 중보자가 되어야 한다.

버림받고 소외된 자들을 돌보시는 예수님을 따라 할 때, 그 모습이 예수님의 모습을 닮아서 당신의 삶과 사역에 치유가 일어나고 사람들을 치유하는 역사가 일어날 것이다.

전도 사역(Evangelizing ministry)

믿는 자는 교회 안이 아니라 현장에서 영웅이 되어야 한다. 교회 안에서만 큰 소리로 말하는 것이 아니라 전도의 현장에서 복음을 외치는 자가 되어야 한다.

유대교 신학자인 아브라함 J. 헤셸은 설교에 대하여 "목사의 설교는 강단에서 선포되지만, 그 능력은 광장에서 증명된다"라고 말했다. 믿음의 영웅은 교회 안이 아니라 광장에서 등장한다.

당신에게는 전도의 현장이 있는가? 당신은 광장에서 복음의 능력을 전파하며 증명할 수 있는가? 예배의 자리에서만 "아멘" 소리로 크게 화답하는 것이 아니라, 광장에서 "예수 믿으세요!"라는 함성으로 "아멘" 해야 한다.

또 이르시되 너희는 온 천하에 다니며 만민에게 복음을 전파하라 **막 16:15**

우리는 예수님을 따라 하는 따라쟁이 제자들이다. 그러므로 예수님이 온 갈릴리를 두루 다니시며 복음을 전파하신 전도 사역을 따라 해야 하며 한 손에는 성경을 들고 다른 한 손에는 영혼을 붙잡고 예수님을 따라가야 한다. 그래야 뱀파이어 크리스천을 벗어날 수 있다.

핑계의 산을 옮기는 다섯 가지 원칙

하나님나라의 포도밭에 일꾼으로 초대받을 때 핑계를 대지 말라. 하나님께서 당신을 초대하실 때 곧장 임하기 위해서는 하나님의 일을 하지 못하게 만드는 모든 핑계의 산을 옮겨야 한다. 핑계의 산을 옮기기 위해서 우리가 세워야 할 원칙을 다음과 같이 소개한다.

1. 내가 "다음에" 하면 하나님도 "다음에" 하신다

주님이 명하실 때 즉시 순종하라. 당신이 "다음에 할게요"라고 하면 하나님도 "다음에 응답해줄게"라고 답하신다. 내가 "다음다음" 하면 주님도 "다음다음" 하신다.

2. 금 중에 가장 비싼 금은 지금이다

지금 당장 전도를 시작해야지 나중은 없다. 바쁘고 귀찮다는 이유로 전도를 나중으로 미뤘다가 그 영혼을 영영 잃어버리기라도 한다면 이다음에 천국에서 주님의 얼굴을 어떻게 뵙겠는가.

3. 기회는 올 때 잡아라

잔치에 맨 처음으로 초대받았던 자들이 뒤늦게 잔칫집의 소문을 듣고 참여하려고 했을 때는 이미 문이 닫혀버린 뒤였다. 한 번 지나간 기회는 돌아오지 않는다. 하나님의 초대장이 도착할 때 곧바로 잔치에 참여하라.

4. 사랑하면 방법을 찾고, 사랑하지 않으면 핑계를 찾는다

자꾸만 핑계를 대고 싶어질 때는 내가 하나님을 정말로 사랑하는지 점검해보라. 사랑하면 핑계가 나오지 않는다. 어떻게든 방법을 찾는다. 사랑의 마음이 무한한 능력을 만들어내기 때문이다.

5. 현재의 고난은 장차의 영광과 비교할 수 없다

하나님의 일꾼이 되어 포도밭에서 일하는 것이 고될지라도 그때마다 장차 나타날, 현재와 비교할 수 없는 영광을 기억하면서 그분을 위해 성실하게 일하라.

"사랑하는 내 제자야, 나와 함께 말씀을 읽고 배우는 자리로 가자. 나와 함께 몸과 마음이 병든 사람이 있는 곳으로 가자. 나와 함께 전도를 기다리는 사람들이 있는 곳으로 가자."

예수님은 우리에게 손을 내밀고 세 군데 일터로 함께 가자고 부르신다. 더는 핑계 대지 말고, 기회가 지나가기 전에 하나님나라의 일터에서 땀 흘려 일하여 칭찬받는 일꾼이 되자.

한국 사회의 실업률 증가도 문제지만, 하나님나라의 일꾼 부족은 더 큰 문제다. 믿는 자라면 하나님나라의 취업률을 100퍼센트로 만들어야 하지 않겠는가? 지금, 하나님나라 포도밭의 일꾼으로 취업하여 당신 앞을 가로막는 핑계의 산을 없애길 응원한다.

마태복음 6장 13절

우리를 시험에 들게 하지 마시옵고 다만 악에서 구하시옵소서 (나라와 권세와 영광이 아버지께 영원히 있사옵나이다 아멘)

11

시험의 산을 옮기라

핑계를 넘으면 시험이 나온다

믿는 자의 인생은 하나님나라의 포도밭에서 일평생 일꾼으로 쓰임 받는 삶이다. 하지만 우리가 주의 일을 많이 할수록 마귀에게는 손해가 되기 때문에 마귀는 이것을 무척이나 싫어한다.

그래서 마귀는 수단과 방법을 가리지 않고 우리가 주의 일을 하지 못하게 만드는데 자주 사용하는 방법이 바로 핑계다. 주의 일을 하려는 사람에게 핑곗거리를 주어서 아예 시작하지 못하게 만든다. 그래서 앞 장에서는 하나님의 일을 시작하려고 할 때 가장 방해가 되는 핑계의 산에 관해 이야기했다.

그런데 핑계를 이기고 주의 일을 시작한 사람에게는 마귀가 어떻게 할까? 그 일을 하루속히 멈추게 하려고 시험에 빠지도록 만든다. 일단 시험에 빠지면, 신실하던 사람도 "나 상처받았어. 더는 헌신할 마음이 없으니까, 너희들끼리 잘해봐. 난 이제 사역 안 해. 교회에도 안 나가"라고 말하며 마음을 굳게 닫아버리니, 성도를 시험에 빠지게 하는 것만큼 확실한 방해도 없다.

구글에 '시험'이란 "누군가로 인해 마음이 불편하거나 상처를 입어서 그 사람을 보거나 특정 상황을 만나는 게 괴롭다는 뜻"이라고 나온다. 정확하다. 주의 일을 하겠다고 나섰다가 두 손 두 발 들게 만드는 가장 효과적인 무기가 시험에 들게 하는 것이다.

마귀들에게 이런 무용담이 전해진다고 한다. 예수님을 잘 믿고 교회 봉사도 열심히 하는 집사님을 교회에 나가지 못하게 하려고 마귀가 핵폭탄을 떨어뜨렸더니, 그 핵폭탄에도 끄떡없이 일어나 교회에 갔다. 그래서 돈이 없으면 돈 버느라 교회에 안 나가겠지 싶어서 돈을 빼앗아갔더니, 사업이 망했는데도 주일이면 만사 제쳐두고 교회에서 예배드렸다.

건강을 가져가면 교회에 가지 않고 신앙을 버리겠지 싶어서 건강에 손댔더니, 오히려 건강 때문에 더욱 열심히 기도하고 하나님께 매달렸다. 게다가 "내가 건강했을 때는 몰랐는데, 아픈 사람의 심정이 이렇구나!" 하면서 아픈 성도에게 전화하고 중보기도의 용사가 되었다.

어떤 고난을 주어도 막을 수가 없었는데, 그를 시험에 들게 했더니 그때부터 자기 스스로 은혜를 막아버리고, 믿음과 교회도 버리고, 맡은 사역마저 그만두었다는 것이다.

'시험'이라는 마귀의 무기는 핵무기보다도 효과가 좋다. 시험만 들면 스스로 손도 발도 묶어버리고 "아무것도 안 해!" 하면서 하나님으로부터 자발적으로 멀어지기 때문이다. 오랫동안 교회에 헌신한 성도라도 일단 시험이 들면 자기가 알아서 사역을 내려놓는다. 지금까지 무너뜨렸던 산을 자기가 도로 세우는 것이다. 그만큼 시험이 무서운 것이다.

마귀는 '시험'이라는 가성비 좋고 유통기한마저 없으며 쏘기만 하면 백발백중인 이 무기를 옛날에도 썼고 지금도 쓰고 앞으로도 쓸 것이다. 그러니 시험에 들지 않도록 단단히 무장하라.

바위를 넘고도 돌부리에 걸려 넘어진다

누군가의 말 한마디에 마음이 상해 사역의 열정이 식고, 그동안 성실히 출석하던 교회도 하루아침에 빠진다. 주일을 기다리며 예배드리기를 사모하던 마음도 사라지고, 성도의 기본인 십일조도 멈추게 된다. 설교가 귀에 들어오지 않고 찬양이 나오지 않으며, 사랑으로 교제하던 이들과의 관계를 단숨에 끊고 모임에도 나가지 않는다.

마귀가 주는 시험에 많은 성도가 이렇듯 시험의 산을 넘지 못하고 그 앞에서 넘어져 실족한다. 마귀가 바윗덩어리 같은 고난을 줄 때는 오히려 주님께 더욱 엎드리던 사람이 돌부리밖에 안 되는 작은 자갈에 걸려 넘어져서 상처 입고 아무 일도 하지 않게 된다.

바위에 걸려서 넘어지는 바보는 없다. 바위는 누구라도 다 피해서 간다. 하지만 '괜찮겠지' 하며 안일하게 생각한 돌부리에 걸려서 무릎이 깨지고 땅바닥에 주저앉는다.

내가 신학생일 때 모교회에 차를 헌물한 집사님이 있었다. 교회에서 성실히 봉사하던 분이었는데 임직에서 떨어지자, 내 차를 도로 내놓으라고 크게 소리치는 것을 보았다.

그렇게 교회를 위해 열심히 일했던 분도 임직에서 떨어지니 시험에 들고, 시험에 들고 나니 지금까지 헌신한 모든 것을 다 토해내라고 소리치는 사람이 되고 말았다. 도대체 무엇을 위해, 누구를 위해, 무엇을 얻고자 헌신한 것인가.

큰 시험은 누구라도 조심하지만, 작은 시험은 조심하지 않는다. 하지만 그 작은 시험 하나가 내 영혼을 파멸시킨다는 것을 알아야 한다. 열심히 주의 일을 하는 것도 중요하지만, 주의 일을 하다가 시험에 들지 않는 것이 더 중요하다. 그래야 주의 일을 계속할 수 있기 때문이다.

40일 금식을 할 만큼 믿음이 좋은 사람이라고 해서 시험에 빠지지 않는 것은 아니다. 교회를 위해서 40일간 금식한 부부가 본인들의 이름이 주보에서 빠졌다는 이유로 교회를 떠나는 것도 보았다. 내가 보았던 경우 중에 가장 안타까운 가정이다.

이들은 정말로 교회를 사랑하는 부부였다. 오직 교회를 위해서 40일을 금식한 너무나도 귀하고 복된 가정이었는데, 주보에 이름이 빠졌다고 시험에 들었다. 상한 마음을 위로하고 오해를 풀기 위해 그분들의 집에 찾아가고, 가게에도 찾아가 심방했지만, 결국 시험에서 벗어나지 못한 부부는 교회를 떠났다(나는 여전히 그 가정을 아끼며 신앙생활을 잘하고 있기를 기도하고 있다).

단지 본인들의 이름이 빠져서 시험에 들지는 않았을 것이다. 이름이 빠진 이유를 생각하다가 상상이 상상을 키우고, 서운한 감정이 들고, '내가 교회를 위해서 40일 금식까지 했는데, 교회는 나에게 해주는 게 없구나'라고 받아들이니 시험에 들어서 빠져나오지 못하는 것이다.

그러므로 시험에 들지 않기를 기도하라. 큰 헌신과 충성이 되려 큰 서운함으로 돌아올 수 있다는 것을 각오하고 언제든지 시험에 맞설 준비를 해야 한다. 그래야 큰 헌신을 하고도 시험에 들지 않는다. 우리를 넘어뜨리는 것은 커다란 바위가 아니라 작은 돌부리이기 때문이다.

시험에 들지 않기를 매일 기도하라

마귀는 우리가 핑계의 산을 뛰어넘었다고 해서 쉽게 포기하지 않는다. 핑계의 산을 넘으면 곧바로 시험의 산을 주는 것이 마귀의 계략임을 잊지 말라.

예수님이 우리에게 "우리를 시험에 들게 하지 마시옵고 다만 악에서 구하시옵소서"(마 6:13)라고 주기도문을 가르쳐주신 이유가 여기에 있다. 우리는 매일 필요한 양식을 구할 뿐 아니라, 시험에 들지 말게 해달라는 기도도 매일 해야 한다.

시험에 빠지는 것은 마귀의 손에 나를 조종할 리모콘을 들려주는 것과 같다. 마귀에게 조종당하지 말고 시험에 빠지지 않기를, 악에 빠지지 않기를 기도하라.

시험은 언제, 어디서, 누구에게 득달같이 찾아올지 모른다. 무슨 일로 시험에 들지도 알 수 없고, 누구에게 시험을 당할지도 알 수 없다. 그러므로 마귀가 쏘는 시험의 화살에 맞아 쓰러지지 않기 위해서는 머리부터 발끝까지 전신으로 무장해야 한다.

특히 가까운 관계일수록 시험에 들기 쉬우므로 마음의 흉배를 단단히 붙이고 기도로 마음을 무장하라. 우리의 말과 행실을 수시로 돌아보며 점검하는 것도 필요하다.

시험은 어제 이겼다고 해서 오늘 또 이긴다는 보장이 없다. 마귀가 어제는 오른쪽에서 공격했다면 오늘은 왼쪽에서 공격한다. 이에 내일도 왼쪽에서 공격할 줄 알고 대비하고 있는데, 오른쪽에서 기습하는 것이 바로 시험이다.

그렇기에 전신갑주를 입었다고 방심하면 안 된다. 전신갑주를 가만히 살펴보면 등 부분은 비어 있다. 마귀에게 등을 보이면 마귀가 쏘는 시험의 화살에 정통으로 맞는다. 그래서 우리의 믿음을 360도로 전신 무장하는 것이 중요하다.

날마다 시험에 빠지지 않게 기도해야만 마귀가 언제 어디서 공격해도 보호받을 수 있다. "나는 끄떡없어! 나는 믿음 위에 제대로 서 있어!"라며 방심하면 안 된다. 자신의 믿음을 돌아보지 않은 채 '나는 괜찮다'라며 방심하는 것이 가장 위험하다.

그런즉 선 줄로 생각하는 자는 넘어질까 조심하라 **고전 10:12**

신앙생활을 오래 했다고 하더라도 방심하지 말라. 시험에 드는 것을 합리화하지도 말라. 100명 중에 단 한 명만이 시험에 빠지지 않는다고 한다면, 시험에 들지 않는 그 한 사람의 자리에 당신이 서 있기를 바란다.

"이 시험은 너무 커서 내가 이길 수 없어…" 하면서 쉽게 항복하거나 마귀에게 믿음의 방패를 빼앗기지 말고, 그 시험을 능히 이겨내라.

성경은 분명히 말씀한다.

사람이 감당할 시험밖에는 너희가 당한 것이 없나니 오직 하나님은 미쁘사 너희가 감당하지 못할 시험당함을 허락하지 아니하시고 시험당할 즈음에 또한 피할 길을 내사 너희로 능히 감당하게 하시느니라 **고전 10:13**

기도하는 사람은 이길 힘이 있다

누구나 시험에 든다는 말은 없다. 마음을 실족하게 하는 악한 시험에 내 발을 들여놓을 마음이 조금도 없다면 시험에 들지 않을 수 있다. 선하신 하나님은 우리가 감당할 수 있는 시험만 허락하시기 때문이다.

어떤 사건 때문에, 누구 때문에, 믿었던 사람 때문에 큰 시험에 들려고 할 때는 그 시험에 빠져들지 말고 어서 빨리 벗어나야 한다. 하나님께서 만들어 놓으신 피할 길을 찾으라. 시험에 빠지지 않고 벗어날 길이 반드시 있다.

"내가 오해하고 있는 거야. 그 사람은 절대로 그럴 사람이 아니야. 내가 잘못 봤겠지. 남의 말만 듣고 판단하면 안 돼" 하면서 마귀를 대적하고, 시험의 수렁으로 빠져드는 자신을 속히 끌어내어 피할 길로 벗어나라. 그래야 영혼이 살아난다.

피할 길이 눈에 보이지 않는가? 그렇다면 마음으로 피할 길을 찾으라. 혹여나 사람에게 실망하더라도 시험의 길로 걸어 들어가지 말라. 그 사람이 당신을 잘 몰라서 하는 말이니 마음에 담아두지 말고 시험을 피하라. 당신 스스로 부정적인 상상력을 발휘하지 말라.

하늘이 무너져도 솟아날 구멍이 있는 것처럼 태산 같은 시험이 와도 피할 길은 있다. 마귀가 금쪽같은 성도를 시험 들게 하여 빼앗아 가려고 하는데 우리 주님께서 뒷짐만 지고 계시겠는가? 천하보다 귀한 영혼을 마귀에게 빼앗기시겠는가?

주의 자녀들이 시험에 빠지는 일이 없도록 성경은 이렇게 신신당부하고 있다.

그러므로 내 사랑하는 형제들아 견실하며 흔들리지 말고 항상 주의 일

신앙생활을 하다 보면 믿음이 흔들릴 때도 있고 견고함이 느슨해질 때도 있겠지만, 그럴 때일수록 주의 일에 더욱 힘쓰는 자가 돼라. 그래야 시험에 빠지지 않는다.

시험은 누구에게나 찾아오지만, 기도하는 사람은 이길 힘이 있다. 분별이 되면 쫓아낼 영력이 있기에 기도하는 사람은 시험이 와도 넘어서지 넘어지지 않는다. 마귀를 대적할 강력한 영적 무기가 바로 기도이기 때문이다.

누구든지 시험에 들만한 상황을 만나게 되지만, 이때의 반응은 사람마다 차이가 있다. 같은 상황에서도 시험 안으로 들어가는 사람이 있고, 시험을 이기는 사람이 있다. 당신은 어느 쪽인가? 시험의 산 앞에서 어떤 반응을 보이는가?

당신에게 하나님께서 만들어두신 피할 길을 발견하는 영안이 열려서 결코 악으로 들어가는 일이 없기를 바란다. 시험에 넘어지는 자가 아니라 시험을 넉넉히 이기는 자가 되길 소망한다.

그렇다면 어떻게 시험의 산을 옮길 수 있을까?

시험의 산을 옮기는 세 가지 방법

기도하라

시험의 산을 옮기는 첫 번째 방법은 기도하는 것이다. 성경에서 시험을 이기는 방법으로 항상 소개되는 것이 바로 기도다.

성경에 '시험'이라는 단어가 등장할 때마다 '기도'라고 하는 단어가 등장한다. 예수님이 제자들에게 기도를 가르쳐주실 때도 시험에 들지 않도록 기도하라고 하셨다.

예수님이 사랑하는 세 제자와 겟세마네 동산으로 기도하러 올라가셨을 때, 피곤했던 제자들은 잠이 들었다. 그때 예수님이 그들에게 하신 말씀은 무엇인가?

시험에 들지 않게 깨어 기도하라 … **마 26:41**

역시 기도하라는 말씀이다. 예수님은 왜 시험에 들지 않게 기도하라고 하셨을까? 사람이 시험에 들었을 때 제일 처음 나타나는 반응이 기도를 멈추는 것이기 때문이다.

기도가 살아 있으면 시험에 들다가도 분별력이 생기고, "아, 이건 넘어질 문제가 아니라 넘어서야 하는 문제구나!" 하며 재빨리 기도로 무장하여 시험을 주는 마귀를 대적하고 물리칠 수 있다.

반면에 기도가 살아 있지 않으면, 기도 시간에 졸리고, 기도하기 싫어지고, 기도의 자리에서 금방 일어나고 결국은 기도를 완전히 멈추게 되면서 시험을 이길 힘을 빼앗긴다.

시험에 든 사람이 제일 먼저 회복해야 할 것은 기도의 자리에 나오는 것이며 기도의 시간도 충분히 회복해야 한다. 기도하는 중에 하나님께서 만나주시고, 만져주시고, 위로해주시고, 힘을 주실 것이다.

방심하여 시험에 들었다가도 기도하면 악에서 구해진다. 혹시라도 지금 시험에 들었더라도 속히 빠져나오게 되니, 기도를 멈추지 말길 바란다.

분별할 수 있게 되는 것과 더불어 악에서 건져내는 능력까지 생긴다는 점에서 기도는 더욱 중요하다. 기도는 분별만을 위한 게 아니라 분별했을 때 문제를 해결하는 권세와 능력도 함께 가지고 있다. 그러니 절대로 기도를 멈추지 말라. 그래야 당신이 시험의 산을 옮길 수 있다.

하나님께 맡겨라

시험의 산을 옮기는 두 번째 방법은 하나님께 맡기는 것이다. 시험은 보통 사람에게 든다. 믿었던 사람, 마음을 주었던 사람, 내가 신뢰하고 따랐던 사람, 나보다 믿음이 좋다고 생각했던 사람처럼 나와 친밀했던 이들에게 상처받고 시험에 들다 보니, 쉽게 회복하지 못하는 것이다.

기대감이 실망감으로 바뀌었거나 부당한 대접을 받았거나 오해를 받게 되었을 때 시험이 찾아온다. 이때 내 힘으로 시험을 이겨보겠다고 나서면 시험은 오히려 깊어진다.

상황과 이유가 어떠하든지 시험에 빠진 사람은 그 문제를 하나님께 맡기고 훌훌 털고 일어나야 한다. 시험 든 것도 억울한데, 시험 때문에 주의 일을 하지 못하게 되는 것은 더욱더 억울한 일이 아니겠는가?

잘못의 이유가 나에게 있다면 그것은 시험에 빠질 이유가 아니라 내가 회개해야 하는 부분이고, 저 사람이 잘못했다면 하나님께 해결해달라고 하면 된다. 맡길 줄 아는 사람은 시험이 와도 시험에 들지 않는다.

원수 갚는 것이 내게 있으니 내가 갚으리라 하시고 또 다시 주께서 그의 백성을 심판하리라 말씀하신 것을 우리가 아노니 히 10:30

내 판단은 굽어질 수가 있다. 내 오해에서 비롯된 것일 수 있기에 섣부르게 판단하지 말고 하나님께 맡겨야 한다. 하나님께 온전히 맡겨드리면 하나님께서 직접 심판하신다.

당신에게 큰 시험을 안겨준 사람이 있는가? 하나님의 손에 그들을 맡기고, 당신은 자유함을 얻으라. 당신에게 큰 시험을 안겨준 그 사람이 여전히 잘살고 있다고 해도, 하나님께서 다 보고 계신다는 것을 기억하라.

하나님께 염려만 맡기는 것이 아니라, 심판도 맡겨야 한다. 하나님께 당신 자신만 맡기지 말고, 당신을 힘들게 하는 그 사람도 맡겨라. 의롭고 공평하신 하나님께서 신원하여 주신다.

만유의 주재이신 하나님께서 판단해주실 것을 믿으며 하나님의 손에 그 사람을 맡기는 것이 하나님을 믿는 믿음이다. 하나님께서 반드시 선악 간에 모든 행위와 모든 은밀한 일을 심판(전 12:14)하실 것이라고 말씀하시지 않는가.

내 생각과 판단대로 결론을 내리고 내 힘으로 해결하겠다고 나서면 결코 시험에서 벗어날 수 없다. 하나님께 모든 심판을 맡기고 당신을 옭아매는 시험에서 속히 벗어나라. 그래야 당신이 산다. 주님의 손에 맡기는 것이야말로 시험에서 벗어나는 가장 효과적인 방법임을 잊지 말라.

다시 시작하라

시험의 산을 옮기는 세 번째 방법은 다시 시작하는 것이다. 시험을 이기고 싶다면 멈추었던 그 자리로 돌아가서 다시 사역을 시작하라.

필립 얀시는 《하나님, 당신께 실망했습니다》(Disappointment With God)라는 책에서 하나님 앞에 시험 들어 기도를 멈추었던 사람이 하나님의 능력을 얻으려면 멈추었던 기도를 다시 시작해야 한다고 강조하였다.

성경을 덮어버린 사람이 시험에서 벗어나려면 다시 성경을 열어서 읽어야 그 속에서 나를 살리는 구절을 발견할 수 있다. 교회의 재정 때문에 시험 들어 헌금 생활을 멈추어버린 사람도 다시 헌금을 드려야 회복이 일어난다. 시험에 들어 예배를 멈추었다면, 다시 교회를 향해 걸음을 내디뎌야 한다. 예배가 멈춰진 상태에서는 회복할 수 없기 때문이다.

좋은 교회를 만나야 교회에서 받은 상처를 회복할 수 있고 성경을 펴야 말씀에 시험 들었던 것을 극복할 수 있으며 기도를 시작해야 거절당한 기도의 서운함도 이겨낼 수 있다.

시험당하여 믿음을 잃었다면 다시 믿음을 회복하라. 시험을 이긴 후에 다시 시작하겠다고 미루지 말라. 일단 다시 시작하면 시험을 이길 힘이 생긴다.

사람들은 시험이 끝나면 다시 시작하겠다는 핑계를 대지만, 더 빠른 방법은 시험이 끝나기 전에 내가 먼저 다시 시작하는 것이다. 다시 시작할 때 비로소 시험이 끝나기 때문이다. 시험이 끝난 뒤에 다시 시작하여 회복할 수도 있겠지만, 회복이 선행될 때 시험은 더욱 빨리 끝난다.

새벽닭이 울 즈음 모닥불 앞에서 예수님을 모른다고 세 번이나 부인했던 베드로는 자기 스스로에게 시험이 들어 고기 잡는 어부로 돌아갔다. 그런 베드로에게 예수님이 갈릴리 호수로 다시 찾아오셨다.

새벽닭이 울 즈음에 찾아오셨고, 모닥불을 피워놓으시고선 베드로에게 세 번이나 나를 사랑하느냐고 물으셨다. 예수님은 세 번 모른다고 했던 베드로의 상처를 꿰매주고 계셨던 것이다.

그렇게 물으신 후에, "내 양을 먹이라, 내 양을 치라, 내 양을 먹이라…"(요 21:15-17)라는 말씀으로 다시 시작하게 하셨다.

또한 열심을 잃어버린 에베소교회를 향해서 예수님은 이러한 처방을 내리셨다.

> 그러나 너를 책망할 것이 있나니 너의 처음 사랑을 버렸느니라 그러므로 어디서 떨어졌는지를 생각하고 회개하여 처음 행위를 가지라 … **계 2:4,5**

예수님은 우리에게 어디서 너의 믿음이 떨어졌는지를 생각하고 처음 행위를 가지라고 말씀하신다. 시험당해서 멈추었던 그 시간으로 돌아가, 잃어버린 열정을 되찾고 처음의 그 마음을 회복하라고 하신다.

다시 한번 강조한다. 성경에 시험 든 사람은 성경을 다시 읽어 회복하고, 기도로 시험 든 사람은 기도를 다시 시작하여 기도의 능력을 체험하라. 교회에 실망한 사람은 교회 마당을 다시 밟으라. 직분을 섬기다가 시험 든 사람은 직분을 다시 맡으라.

이제는 "내 입장이 돼보세요. 누구라도 나처럼 시험 들지!"라고 말하지 말라. 믿음의 사람은 자신과 남들에게 실망했다고 해도, 그 시험에 머물러 있어서는 안 된다. 다시 시작하면 능히 시험을 이겨낼 수 있다.

다시 시작하는 것을 두려워하지 말라. 하나님께서 늘 함께하신다. 견고하여 흔들리지 말고 주의 일에 더욱 힘쓰는 자가 되어야 한다. 시험을 이기는 기도로 내 인생길을 주님께 맡기고 다시 시작한다면, 당신의 앞을 가로막던 큰 시험의 산이 평지가 될 것이다.

어떤 시험이 와도 사도 바울이 외쳤던 그 외침으로 외치라.

그러나 이 모든 일에 우리를 사랑하시는 이로 말미암아 우리가 넉넉히 이기느니라 내가 확신하노니 사망이나 생명이나 천사들이나 권세자들이나 현재 일이나 장래 일이나 능력이나 높음이나 깊음이나 다른 어떤 피조물이라도(시험이라도) 우리를 우리 주 그리스도 예수 안에 있는 하나님의 사랑에서 끊을 수 없으리라 **롬 8:37-39**

하박국서 3장 17-19절

¹⁷ 비록 무화과나무가 무성하지 못하며 포도나무에 열매가 없으며 감람나무에 소출이 없으며 밭에 먹을 것이 없으며 우리에 양이 없으며 외양간에 소가 없을지라도 ¹⁸ 나는 여호와로 말미암아 즐거워하며 나의 구원의 하나님으로 말미암아 기뻐하리로다 ¹⁹ 주 여호와는 나의 힘이시라 나의 발을 사슴과 같게 하사 나를 나의 높은 곳으로 다니게 하시리로다 이 노래는 지휘하는 사람을 위하여 내 수금에 맞춘 것이니라

12

산을 평지처럼 걸어라

'나'라는 산을 넘어라

이 책에서 우리는 "큰 산아 네가 무엇이냐 네가 주님 앞에서 평지
가 되리라"라는 주제로 그동안 열한 장에 걸쳐서 나누었다. 그 내용
을 잠시 돌아보자.

- 1, 2장 : 하나님과 우리 사이를 가로막고 있던 **불신(원죄)의 산**을 무너
  뜨려서 하나님의 자녀가 되어야 한다.
- 3장 : 하나님과의 사이를 멀어지게 하는 **죄(자범죄)의 산**을 무너뜨려
  하나님의 능력이 우리에게 더욱 분명하게 임하도록 해야 한다.
- 4장 : 하나님의 능력을 의심하여 그분을 의지하지 못하게 하는 **의심
  의 산**을 무너뜨리고 온전히 하나님을 신뢰해야 한다. 하나님을 의심
  하고 그분의 도우심을 구하지 않는 자에게는 능력이 임하지 않기 때
  문이다.
- 5장 : 우리에게 하나님께서 주신 능력이 있음에도 사용하지 못하게 만

드는 **두려움의 산**을 무너뜨려야 한다.

- 6장 : 막힌 **관계의 산**을 무너뜨려 하나님과 영적으로 통하게 하고, 나를 귀하게 대하여 자신과 소통하고, 하나님의 은혜를 이웃에게 흘려보내어 형통의 관계를 맺어야 한다.
- 7장 : **경제의 산**을 옮겨서, 하나님과 물질을 겸하여 섬기지 말고 우리 아래에 물질이 있음을 기억하여 하나님께서 기뻐하시는 곳에 사용해야 한다.
- 8장 : 우리의 질고를 대신 지고 십자가에서 돌아가신 예수님의 이름으로 선포하여, 우리의 몸과 마음을 병들게 하는 **질병의 산**을 옮겨야 한다.
- 9장 : 우리의 손과 발을 묶어 아무것도 하지 못하게 만드는 **상처의 산**을 예수님의 보혈로 치료하고, 상처를 사명으로 만들어야 한다.
- 10장 : 하나님께서 우리를 하나님나라의 일꾼으로 초청하실 때, 주님의 일꾼이 되지 못하게 만드는 **핑계의 산**을 옮겨서 하나님의 일꾼으로 쓰임 받자.
- 11장 : 하나님의 일을 그만두게 만드는 **시험의 산**을 옮겨, 어떤 시험에도 넘어지지 말고 하나님께서 주신 사명을 온전히 감당하자.

이렇게 열한 장에 걸쳐서 우리 인생을 가로막는 중요한 산들을 모두 정복했다. 끝으로 우리가 정복해야 할 진짜 중요한 또 하나의 산을 소개하고자 한다. 바로 '나'라는 산이다.

'나'라는 산을 정복하는 것은 정말로 어려운 일이기에, 하나님의 도우심이 필요하다. 하나님을 더욱 의지하며 날마다 그분께 나아가야 '나'라는 산을 뛰어넘을 수 있다.

내 능력이 커지면 산은 작아진다

세계에서 제일 높은 에베레스트산(8,849미터)을 최초로 등정한 사람은 영국의 원정대 에드먼드 힐러리(Edmund Hillary)와 그를 돕는 셀파 텐징 노르가이(Tenzing Norgay)다.

사실 에드먼드 힐러리가 한 번에 성공한 것은 아니다. 1951년의 첫 도전에서는 처참히 실패하고 돌아서야 했다. 그때 그는 에베레스트산을 보고 주먹을 치켜올리며 말했다고 한다.

"산아, 내가 다시 와서 너를 정복할 것이다. 왜냐하면 산인 너는 자랄 수 없지만, 사람인 나는 자랄 수 있기 때문이다(I will come again and conquer you because as a mountain you can't grow, but as a human, I can)!"

그는 지금은 산이 높아 보이지만, 자신의 능력이 커지면 산은 점점 작아진다는 것을 알았다. 에베레스트산은 자라지 않고 그대로였지만 힐러리는 매일 훈련하고 나날이 성장해 마침내 2년 후인 1953년, 에베레스트 등정에 성공했다.

참으로 멋지지 않은가? 그는 산의 특징도 알고 하나님께서 만든 인간의 특징도 알았다. 산은 자랄 수 없지만, 인간은 하나님 안에서 무한히 자랄 수 있는 존재라는 것을. 자신의 한계를 아는 데에서 그치지 않고, 하나님 안에서 자기 능력의 무한한 가능성을 알았기에 세계 최초로 에베레스트산을 정복할 수 있었다.

눈앞의 산보다 내 안의 산을 먼저 정복해야 한다. 하나님께서 아무리 내 앞의 산을 평지로 만들어주셔도, 내가 나를 산으로 삼고 넘어가지 못하면 한 발도 앞으로 나아갈 수 없다. 산보다 더 중요한 것은 내 믿음이 자라는 것이다. 어떤 산이 앞을 가로막고 있어도 그 산이 하찮게 보이는 영적 거인이 되어야 한다.

어릴 때 한없이 컸던 운동장이 어른이 돼서 보면 '운동장이 이렇게 작았나?' 싶고, 까치발을 들어도 닿지 않던 철봉은 어느새 허리만큼 낮아져 있다. 높은 줄 알고 뛰어놀던 동네 앞산이 실은 자그마한 동산이었다. 운동장과 철봉과 앞산은 어렸을 적 그대로지만 나는 어른으로 자랐기 때문이다.

문제도 마찬가지다. 문제의 '크기'는 문제가 안 된다. 문제는 마치 나를 집어삼키고 끝장낼 것처럼 습격하지만, 믿음의 담력이 커지면 그토록 커 보이던 문제가 평지처럼 보이고, "내가 이 작은 문제 때문에 떨었던 거야?" 하면서 우스워진다.

기도의 동역자인 내 아내는 넘을 수 없는 문제가 생기면 옷장이 있는 작은 공간(워룸)으로 들어가서 기도한다. 간절한 기도 소리가 집안 전체에 몇 시간씩 울리다 아내가 기도를 마치고 딱 나오는 순간은 손에 잡힐 만큼 문제가 작게 느껴졌을 때다.

한 시간 기도하면 문제가 반만큼 작아지고 두 시간 기도하면 그 반의 반만큼 문제가 작아진다. 세 시간을 기도하면 손에 잡힐 만큼 문제가 작아진다. 문제 자체가 작아진 것이 아니라 문제를 대하는 그 마음이 커진 것이다.

그래서 문제와 산을 피해 가는 것도 귀한 일이지만 문제를 뚫고 나가는 것은 정말 큰 능력이다. 문제 앞에서 문제와 싸우기보다 문제가 아무것도 아닌 것처럼 보이도록 당신의 믿음을 키워라. 믿음을 키우면 아무리 높아 보여도 오르지 못할 산은 없다.

도무지 넘을 수 없는 큰 산을 만나 낙심하고 있는가? 당신의 앞을 가로막는 그 산을 향해 이렇게 외쳐보라!

"산아, 너는 그대로 있지만, 나는 자라고 있다! 내가 언젠가는 너를 평지처럼 걸어갈 것이다! 내가 오르지 못할 산은 없다!"

우리가 오르지 못할 산은 없다

첩첩산중인 인생에서도 어마어마한 산을 만났던 한 사람을 소개하고자 한다. 지금은 고인이 되신 강영우 박사다.

그는 14세 때 공에 눈을 맞아 양쪽 시력을 다 잃고 후천성 시각장애인이 되었다. 그 사고를 당하기 얼마 전에는 부친이 돌아가셨는데, 아들의 사고 소식을 들은 모친도 충격으로 돌아가셨다. 엄마의 역할을 대신하던 누나마저 과로로 세상을 떠나면서 결국 그는 가족과 생이별하고 맹인고등학교에 들어갔다.

배우는 데 열정이 많았던 그는 모두가 직업훈련으로 안마를 배울 때 대학 진학의 꿈을 안고 열심히 점자를 익혔지만, 장애인에 대한 부정적 인식이 크고, 장애인 시설을 제대로 갖춘 대학이 드물었던 탓에 원서 지원 자체가 거부되는 수모를 겪었다.

하지만 그는 자신의 인생길을 가로막는 높은 산 앞에서 포기하지 않았고 마침내 연세대학교에 입학해 차석으로 졸업했다. 그 후, 맹인학교 시절 대학생 자원봉사자로 왔던 석은옥 여사와 결혼하고 한국 시각장애인 최초로 유학길에 올랐으며 미국 피츠버그대학교에서 교육학 박사학위를 받았다.

나중에는 W. 부시 대통령의 부름을 받고 국무부 국가장애위원회 정책분과위원장(차관보 직위)이 되어 한인으로서는 가장 높은 관직에 올랐고, 장애인 인권을 담당하며 희망의 아이콘이 되었다.

강영우 박사 앞에 놓인 모든 것이 높은 산이었다. 아버지의 부재와 갑작스러운 사고로 얻게 된 장애, 사랑하는 어머니와 누나를 잃은 것, 평생 앞을 보지 못한 채로 살아가야 한다는 두려움과 수많은 역경 등 무엇 하나 오르기 쉬운 산이 없었다.

그러나 그는 자신의 삶을 가로막고 있던 그 모든 산을 올라 정복했고,《우리가 오르지 못할 산은 없다》라는 자신의 자서전 제목을 빌려 우리가 오르지 못할 산은 없다고 외쳤다.

그는 또한 서문에서 "… 나는 그 절벽 아래로 떨어졌다. 그런데 나는 그때까지 내가 날 수 있다는 것을 몰랐다"라는 로버트 슐러의 글을 인용하며, 날개의 존재를 깨달은 후 인생을 가로막던 문제가 두려움의 절벽이 아닌 어디든 날아다닐 수 있는 창공이 되었다고 고백했다.

그가 이렇게 할 수 있었던 것은 산이 아무리 높더라도 끝까지 오를 수 있는 영적 근육과 믿음의 눈이 있었기 때문이다. 우리의 신앙도 산이 높기보다 내 믿음의 근력이 약해서 오르지 못할 때가 많다. 믿음의 근육이 자라면 나를 가로막는 산들은 점점 낮아지고, 믿음의 키가 자라면 높았던 산도 평지처럼 보일 것이다.

믿음에도 눈이 있다. 육신의 눈에는 산이 보이지만 믿음의 눈으로 보면 하나님이 보인다. 믿음의 눈으로 마땅히 봐야 할 하나님을 바라보라. 하나님이 보이면 산다. 오늘이 끝인 것처럼 한숨이 나올지라도, 믿음의 눈이 열리면 더 좋은 것을 주시는 하나님과 그분이 예비하신 새날이 보인다.

헬기를 타고 높은 곳에 올라가서 아래를 내려다보면, 어떤 건물이 1층짜리이고 100층짜리인지 구분할 수 없다. 높은 곳에서는 다 평지처럼 보일 뿐이다. 창공을 날아다니면 어떤 산도 넘을 수 있다. 하나님께서 나의 날개가 되어주시면 넘지 못할 산이 없다. 큰 산 앞에서 두려워 떠는 자가 아니라 하나님께서 당신에게 달아주신 날개로 높이 날아오르는 자가 되길 바란다.

산을 평지처럼 걷는 믿음

이스라엘 사해에서 마사다 지역으로 내려가는 길에는 '게디의 샘'이라는 뜻의 엔게디 광야가 있다. 황량하고 척박한 그 땅에는 벼랑 끝을 뛰어다니는 짐승이 있는데, 바로 '게디'라는 산양이다.

산이 아무리 높아도 산양들에게 문제가 되지 않는 것은, 산을 뛰어다닐 발목의 힘이 있기 때문이다. 하박국 선지자가 바로 그 장면을 보고 자신도 저 산양처럼 살아가게 해달라고 노래했다.

> 주 여호와는 나의 힘이시라 나의 발을 사슴과 같게 하사 나를 나의 높은 곳으로 다니게 하시리로다 … **합 3:19**

하나님께서 나의 힘이 될 때 높은 절벽도 평지처럼 달리게 된다는 노래다. 다시 말해, 평지만 찾아서 달리겠다는 뜻이 아니라 산을 평지처럼 달리는 것이다. 산을 피하는 인생이 아니라 산을 밟고 가는 인생, 산을 산인 줄도 모르고 뛰어넘는 인생이야말로 훨씬 더 능력 있고 복된 삶이 아니겠는가?

그런데 어떻게 사는 것이 산을 평지처럼 달리며 사는 것일까? 이것을 이해하기 위해서 그가 만난 첩첩산중을 살펴보자. 그 앞 17절에 우리가 너무나도 잘 아는 구절이 나온다.

> 비록 무화과나무가 무성하지 못하며 포도나무에 열매가 없으며 감람나

무에 소출이 없으며 밭에 먹을 것이 없으며 우리에 양이 없으며 외양간
에 소가 없을지라도 **합 3:17**

엄청난 산들이 하박국 앞을 가로막고 있는데, 농사를 짓지 않는
독자라면 감이 오지 않겠기에 요즘 식으로 바꾸어보겠다. "비록 잠실
에 오픈한 무화과식당이 문을 닫고, 분당에서 하고 있던 포도청과 사
업이 망하고, 강남에 시작한 올리브유 사업이 적자 나고, 이곳저곳에
사둔 논밭이 맹지가 되어 팔리지 않고, 통장 잔고는 어느새 바닥이 났
을지라도"라는 뜻이다.

느낌이 확 오는가? 희생의 땀이 일순간에 다 사라지는 이 상황은
하박국이 당시의 농경문화에서 경험할 수 있는 가장 큰 충격이었다.
하박국이 마주 대한 이 산들은 무엇 하나 만만한 것이 없으며 그의
힘으로는 그 산을 하나도 넘지 못한다.

그런데 하박국은 이런 상황에서 산들이 평지가 될 때까지 기다리지
않고 그 앞에서 "나는 여호와로 말미암아 즐거워하며 나의 구원의 하
나님으로 말미암아 기뻐하리로다"(합 3:18)라고 노래한다. 산이 평지
가 되면 평지가 된 것에 감사하고, 산으로 남아 있으면 구원의 하나님
으로 인하여 기뻐하겠다는 것이다.

그것이 산을 평지처럼 걷는 노래다. 어떤 상황이 찾아와도 여호와
로 인한 기쁨을 빼앗기지 않고, 나를 구원해주신 그 구원의 기쁨을 잊
지 않는 것이 산을 평지처럼 걷는 믿음이다.

어떤 산이 당신의 기쁨을 빼앗아가려 하고 믿음을 흔들려고 해도, 하나님의 능력을 의심케 만드는 환경이 되고 무슨 일이 생기더라도 당신의 믿음이 그 산 앞에서 흔들리지 않게 하라.

어떤 산이라도 뛰어넘어라

사도 바울 또한 어떤 산을 만나더라도 그 산을 맞이할 믿음을 가진 사람이었다.

> 내가 궁핍하므로 말하는 것이 아니니라 어떠한 형편에든지 나는 자족하기를 배웠노니 나는 비천에 처할 줄도 알고 풍부에 처할 줄도 알아 모든 일 곧 배부름과 배고픔과 풍부와 궁핍에도 처할 줄 아는 일체의 비결을 배웠노라 내게 능력 주시는 자 안에서 내가 모든 것을 할 수 있느니라

빌 4:11-13

그가 말한 '모든 것을 할 수 있는' 능력은 산을 평지로 만드는 능력이 아니라 어떤 산이 나를 가로막더라도 문제로 보지 않는 능력이다. 그래서 내게 능력 주시는 자 안에서 내가 모든 것을 할 수 있다는 그의 고백은 무화과가 주렁주렁 열린 나무 앞뿐만이 아니라 텅 빈 외양간 앞에서도 기뻐하겠다고 노래한 하박국의 고백과 같은 의미다.

신앙은 피하는 것이 아니라 이기는 것이다. 낮은 산, 좋은 형편만

찾아다니는 것이 아니라 어떤 산도 뛰어넘고 모든 형편에 적응하여 이기는 것이다. 또한 산 앞에서 산을 밟고 가는 것이다. 우리는 산을 피해서 가는 존재가 아니라 산을 산인 줄도 모르고 이기고 밟고 지나가는 존재다.

다윗은 수많은 담과 산을 마주하면서도 평지처럼 뛰어넘으며 살 수 있었던 이유를 이렇게 노래했다.

> 내가 주를 의뢰하고 적군을 향해 달리며 내 하나님을 의지하고 담을 뛰어넘나이다 시 18:29

이 고백과 같이 그는 자기 앞을 가로막고 있는 수많은 산과 담을 뛰어넘으면서 살았다. 피하면서 산 것이 아니라 하나님을 의지하여 뛰어넘었다.

뜀틀을 넘을 때 도움닫기는 필수다. 도움닫기는 뜀틀을 넘기 전에 가속을 붙이기 위해 미리 달려가는 거리를 말한다. 그 도움닫기가 끝나는 지점에 놓아둔 것이 바로 스프링 발판이다. 그 스프링 발판을 밟으면 하늘을 나는 것처럼 자신의 능력보다 훨씬 높이 뛰어올라 뜀틀을 단숨에 넘게 된다.

당신은 우리의 도움이 되시는 하나님을 의지하는가? "하나님은 언제나 나의 스프링 발판이요 담을 뛰어넘게 만드시는 분"이라고 고백한다면 담이 없는 곳을 찾지 말고, 어떤 담을 만나도 담 앞에 비굴하게 멈추거나 두려워 돌아서지 말라.

하나님을 당신의 발판과 힘으로 삼고 의지하여 담을 뛰어넘어라. 하나님을 의지하고 사는 사람을 이길 자는 없다!

은혜와 긍휼의 섬 '지라도'로 오세요

하박국의 기도처럼 사슴의 다리를 가진 또 한 명의 믿음의 사람을 만난 적이 있다. 소록도중앙교회를 섬기는 70대 중반의 전도사님으로, 그 분도 한센병을 앓고 있었다.

여러 목회자와 소록도 순례를 갔을 때 소록도중앙교회를 방문하여 이 전도사님에게서 교회의 역사와 교회의 건축 배경을 전해 듣는 동안 마음에 내내 큰 감동이 일었다.

교회를 지으려면 나무를 베어야 하는데 손이 없는 한센병 환자들은 나무를 자를 수 없으니 톱을 팔뚝에 묶어서 톱질하고, 손목에 숟가락을 묶어서 모래를 퍼다 나르며 교회를 건축했다고 한다.

그렇게 완공된 교회로 사람들이 하나둘씩 찾아오기 시작했다. 이들은 한센병 때문에 사회에서 낙오되고 가족과 친구에게 외면당한 사람들이었다. 자신을 받아주는 곳이 없어 절망하며 소록도까지 오게 된 이들인데 신기하게도 소록도 옆의 섬 '지라도'에 다녀오기만 하면 표정이 변했다고 한다.

전도사님은 방문한 우리 목회자들에게도 이왕 소록도를 방문한

김에 지라도라는 섬에도 다녀올 것을 권했다. 그리고는 지라도의 주소를 알려드릴 테니 잘 받아적으라며 주소를 불러주셨다.

"지라도의 주소는, 하박국 3장 17절!"

섬 주소가 아닌 성구 주소를 불러준 전도사님은 당황하는 목회자들에게 "하박국 3장 17절에 보면 '지라도'가 나옵니다"라고 웃으며 말씀하셨다.

비록 무화과나무가 무성하지 못하며 포도나무에 열매가 없으며 감람나무에 소출이 없으며 밭에 먹을 것이 없으며 우리에 양이 없으며 외양간에 소가 없을지라도 합 3:17

당신도 '지라도'를 방문할 의향이 있는가? 사는 날 동안 내 병을 고쳐주지 않으실 '지라도' 하나님으로 말미암아 즐거워하겠는가? 가진 것이 없을 '지라도' 하나님으로 인하여 여전히 즐거워하겠는가? '지라도'의 믿음이 들어오면 더는 환경이 중요하지 않다. 환경을 이기는 믿음을 갖게 되기 때문이다.

언제까지 하나님께서 평지를 주실 때만 감사하고 산이 생기면 원망하겠는가? 평지에서도 찬양하고 산을 만나면 하나님께서 나와 함께 넘어주실 것이니 믿음으로 찬양해야 하지 않겠는가?

사람은 문제가 닥치면 하나님부터 원망하는 사람과 하나님께 감사하는 사람, 이렇게 두 종류로 나뉜다. 당신은 어느 쪽인가? "예수님을 믿는데 왜 이런 문제가 닥치고, 나는 왜 이 모양 이 꼴이야?"라고 원망하는 쪽인가, "이렇게 큰 문제를 만났는데 하나님이 안 계셨으면 어쩔 뻔했어. 예수님을 믿으니까 지금까지 살아온 거야"라고 믿음의 고백을 올려드리는 쪽인가?

호수의 깊이는 홍수 때가 아니라 가뭄 때 안다. 물이 가득 찬 호수의 깊이를 어떻게 알겠는가. 기도하는 것마다 응답되고 기도 안 해도 자녀가 잘되고 손대는 것마다 사업이 잘되면 누가 하나님을 믿지 않겠는가? 진짜 믿음은 무화과의 소출이 많을 때도 춤추며 찬양하지만, 어느 날 갑자기 소출이 없어질 때도 여전히 춤추며 찬양하는 것이다.

나는 여호와로 말미암아 즐거워하며 나의 구원의 하나님으로 말미암아 기뻐하리로다 **합 3:18**

여호와의 영으로 나아갈 때 평지가 된다

하박국은 믿음의 눈으로 자기에게 있는 것을 보았다. 당신도 당신에게 없는 것을 볼 것인지, 당신에게 있는 것을 볼 것인지 선택해야 한다.

무화과나무는 없어졌을지라도 여전히 내 곁에 계시는 하나님을 보라. 다 잃어버려도 나에게 하나님이 계시면 하나도 잃어버리지 않은 것이지만, 세상의 것을 다 가져도 하나님을 잃어버리면 나에게 아무 것도 없는 것이다.

하나님의 마음을 감동하게 만들고 싶은가? 그렇다면 어려울 때도 찬양을 멈추지 않으면 된다. 있을 때도 찬양하고 없을 때도 찬양하라. 잘될 때 찬양하고 실패할 때도 찬양하라.

신앙은 문제를 피하는 것이 아니라 이기는 것이다. 낮은 산만 찾아 다니지 말고 어떤 산도 넘는 신앙이 되어야 한다. 내가 좋아하는 〈나는 믿네〉라는 찬양에 이런 가사가 있다.

내 앞에 바다가 갈라지지 않으면
주가 나로 바다 위 걷게 하리

이것이 바로 하나님께서 우리에게 주신 능력이다. 바다가 갈라지는 것만이 기적은 아니다. 일렁이는 바다를 앞에 두고 믿음으로 발을 내딛는 그 믿음이 더 큰 기적이다.

때로 하나님께서 우리 앞의 산을 옮겨주시거나 홍해의 기적처럼 바다를 갈라서 건너게 하실 때도 있다. 하지만 하나님께 간절히 기도했는데도 여전히 문제의 산이 버티고 무서운 파도가 치고 있다면, 그때는 두려워 떨지 말고 '나로 그 위를 걸으라고 하시는구나!' 하고 발을 내디디면 된다.

큰 산 앞에서 하나님이 그 산을 평지로 만드실 때까지 기다리는 것은 능력이 아니다. 아무리 높은 산을 만나도 주님을 의지하고, "큰 산아, 네가 무엇이냐! 네가 주님 앞에서 평지가 되리라!" 하고 외치며 그 산을 뛰어넘는 그것이 능력이고 믿음의 내공이다.

이 책의 첫 장에서 보았던 스룹바벨의 사명으로 돌아가 보자. 성전을 건축하라는 명령을 받고 5만 명을 이끌고 예루살렘으로 가야 했던 스룹바벨에게 하나님께서 말씀하셨다.

"스룹바벨아, 네가 수많은 산과 강을 넘고 대적을 물리치며 예루살렘으로 가는 것은 결코 네 힘과 능력으로 되지 않고, 오직 나의 영으로 되느니라. 너는 너를 의지하지 말고 성령의 능력을 의지하라. 그때 내가 외치리라. '큰 산아, 네가 무엇이냐! 네가 스룹바벨 앞에서 평지가 되리라!'"

파도가 아무리 거세도 고래를 삼킬 수는 없다는 말이 있다. 그렇다. 집채만 한 파도가 하늘 높은 줄 모르고 솟아올라 땅의 모든 것을 집어삼킬 것 같아도, 바다 안에 뛰노는 고래를 삼킬 수는 없다.

마찬가지로, 어떤 산이나 강 혹은 어떤 원수와 대적이 하나님의 자녀를 집어삼키려고 해도 성령 충만한 사람을 삼킬 수는 없다. 산이 아무리 높아도 성령의 사람을 삼키지는 못한다.

큰 산이 앞을 가로막고 있어도, 자기의 힘과 능력을 의지하지 말고 스룹바벨처럼 성령 충만함으로 나아가길 바란다. 오직 여호와의 영으로 나아갈 때, 당신 앞의 모든 산이 평지가 될 것이다.

큰 산 깨기

초판 1쇄 발행	2025년 2월 17일		
지은이	최병락		
펴낸이	여진구		
책임편집	최현수 구주은		
편집	이영주 박소영 안수경 김도연 김아진 정아혜		
책임디자인	마영애 정은혜 ｜ 노지현 조은혜		
홍보 · 외서	진효지		
마케팅	김상순 강성민	마케팅지원	최영배 정나영
제작	조영석 허병용	경영지원	김혜경 김경희

303비전성경암송학교 유니게 과정
이슬비전도학교 / 303비전성경암송학교 / 303비전꿈나무장학회

펴낸곳　　　규장

주소　06770 서울시 서초구 매헌로 16길 20(양재2동) 규장선교센터
전화　02)578-0003 팩스 02)578-7332
이메일 kyujang0691@gmail.com　　　　　　홈페이지 www.kyujang.com
페이스북 facebook.com/kyujangbook　　　　인스타그램 instagram.com/kyujang_com
카카오스토리 story.kakao.com/kyujangbook
등록일 1978.8.14. 제1-22

책값 뒤표지에 있습니다.
ISBN 979-11-6504-594-4 03230

규 ｜ 장 ｜ 수 ｜ 칙

1. 기도로 기획하고 기도로 제작한다.
2. 오직 그리스도의 성품을 사모하는 독자가 원하고 필요로 하는 책만을 출판한다.
3. 한 활자 한 문장에 온 정성을 쏟는다.
4. 성실과 정확을 생명으로 삼고 일한다.
5. 긍정적이며 적극적인 신앙과 신행일치에의 안내자의 사명을 다한다.
6. 충고와 조언을 항상 감사로 경청한다.
7. 지상목표는 문서선교에 있다.

하나님을 사랑하는 자 곧 그의 뜻대로 부르심을 입은 자들에게는 모든 것이 合力하여 善을 이루느니라(롬 8:28)

Member of the
Evangelical Christian
Publishers Association

규장은 문서를 통해 복음전파와 신앙교육에 주력하는 국제적 출판사들의
협의체인 복음주의출판협회(E.C.P.A:Evangelical Christian Publishers
Association)의 출판정신에 동참하는 회원(Associate Member)입니다.